뇌가 섹시해지는

탐정퀴즈

1단계

이번 사건의
범인은 바로 너!

팀 데도풀로스 지음 · 박미영 옮김

비전코리아

호기심은 우리 인간의 천성이다. 어쩌면 가장 큰 강점이라 할수 있다. 이해하고자 하는 욕구는 현재의 우리를 만든 요소 중 하나다. 만약 우리 조상들이 '있는 그대로'에 만족했다면 과학의 발전도, 첨단기술도, 그리고 현대 사회에서 우리가 당연시하는 것들이 다 존재하지 않을 것이다. 궁금해하고, 상상하고, 시험하는 이러한 능력 덕분에 현재의 우리가 존재한다. 호기심 없는 인류는 상상하기조차 힘들다.

하지만 오늘날엔 대부분의 사람이 궁금해하는 질문에 대한 답은 인터넷 검색만으로도 금방 찾을 수 있다. 아니면 박사 학위 몇개, 혹은 몇백만 달러의 실험실이 동원되어야 해결할 수 있을 만한 것들이다.

그래서 퀴즈가 필요하다. 재미로 퀴즈를 푸는 것은 인류 역사에서 흔한 오락거리였다. 고대 문명, 바빌로니아에서도 수수께끼를 찾아볼 수 있다. 현대와 과거를 막론하고 모든 사회에서 보인다.

퀴즈 풀이는 인간의 보편적인 욕구다. 지금의 우리를 만든 특성 중의 하나다. 다행히도, 퀴즈 풀이는 재미뿐만 아니라 두뇌계발에도 매우 도움이 된다. 이는 기억력을 유지시키고 추론 능력을 키워준다는 것이 과학적으로 입증되었다.

이 책에 실린 탐정 퀴즈가 여러분을 즐겁게 하고, 지적 훈련에 도움이 되길 바란다. 각 편마다 범죄가 벌어지는데, 여러분의 임무는 범인을 밝혀내는 것이다.

문제 풀이의 수준은 뒤로 갈수록 어려워지는데 앞부분의 문제는 범인을 밝혀내기 위한 논리상의 결함이 상당히 직설적이다. 전부 다 찾아내기 쉽지는 않겠지만, 사건들이 비교적 복잡하지 않다. 후반부에서는 사건이 조금 더 불명확하고, 증거가 딱 떨어지지 않는다. 필요하다면 힌트를 참고하자.

세 명의 예리한 탐정들이 여러분에게 사건을 소개하고 증거들을 늘어놓을 것이다. 파나키 경감은 언론에 '패딩턴'이란 별명으로 알려져 있는데 경찰 일을 시작한 초기에 영국 런던에서 유명한 사건들을 해결했기 때문이다. 그는 우리 도시의 자랑거리다. 깔끔한 차림새에 어울리는 매너를 갖춘 파나키 경감은 논리적일 뿐만 아니라 통찰력도 뛰어나다. 메리 밀러는 열성적인 조류 관찰자이며 사교계 인사이고, 홍차를 좋아한다. 그녀의 놀라운 관찰력은 나이가 들었지만 전혀 둔해지지 않았으며, 겉보기엔 친절하고 부드러워 보이지만 강철 덫처럼 예리한 지성의 소유자다. 일류 신문 〈센티널〉지의 야심 넘치는 젊은 기자 조시 콜은 완벽한 기억력의 소유자다. 그는 기삿거리를 얻어내기 위해 무엇이든 열심히 파고든다.

이 훌륭한 삼인조와 함께 사건으로 뛰어들어 탐정보다 먼저 '범인은 바로 너'라고 외쳐보자. 차례의 점수표에 점수를 적고 어느 탐정보다 얼마나 더 예리한 지성을 가졌는지 알아보라. 힌트를 보기 전에 사건의 진상을 파악했다면 2점, 힌트를 보고 맞혔으면 1점이다. 물론 아예 맞히지 못했다면 0점이다. 탐정의 점수는 당신과 반대다. 당신이 0점일 때 탐정은 2점, 1점일 때는 똑같이 1점씩, 2점일 때는 0점을 획득한다. 이제 시작해보자.

재미있는 두뇌 놀이가 되기를!

팀 데도풀로스

사건 해결률이 높아 큰 명성을 얻고 있는 현직 경감.
사람들의 거짓말을 간파해내 범인을 잡는다.

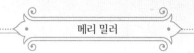

조류협회 회원, 홍차 애호가로 삼색 고양이 오브리를 키운다.
미스터리에 엄청난 열정을 보이는 추리광.

조시 콜

〈센티널〉지의 야심 넘치는 젊은 기자.
완벽한 기억력의 소유자로
기삿거리를 얻기 위해 무엇이든 열심히 파고든다.

– 이 책을 읽는 법 –

❶ 먼저 사건 이야기를 주의 깊게 읽는다.

❷ 특히 용의자들의 진술 중 상황에 맞지 않거나 사실이 아닌 것

  을 가려내기 위해 노력해야 한다.

❸ 다 읽었는데도 모르겠으면 힌트를 보고 다시 한 번 생각해본다.

❹ 사건 현장을 보여주는 그림이 도움이 될 수 있다.

❺ 점수표를 활용해 내 탐정지수를 알아본다.

❻ 이 책에 나온 탐정이 범인인 경우는 없다.

중요한 것은 두뇌를 조금이라도 더 활용하는 것이다.
절대 해답을 먼저 읽어서는 안 된다.

총점

경감	나		조시	나		메리	나

한낮의 침입자
The Intruder

지그문트 휘긴스는 자택 휴게실에서 목을 칼에 한 번 찔려 살해당했다. 그가 평소에 애용하던 안락의자에 앉은 채 발견되었는데 의자는 벽난로를 앞에 두고 프랑스식 창문 옆에 놓여 있었다. 원래는 근사해 보이는 파티오(보통 집 뒤쪽에 만드는 테라스나 안뜰)로 나갈 수 있는 구조였지만, 현재는 문을 막고 페인트를 칠해버렸다.

창밖의 정원은 약간 관리되지 않은 상태로, 10월의 낙엽이 흐트러져 있었다. 방에는 어지럽혀지거나 몸싸움한 흔적은 전혀 없었다. 가족이 살펴본 바로는 도둑맞은 물건도 없었다. 흉기는 가죽공예 등에 쓰이는 흔한 도구로, 상처에 그대로 꽂힌 채였고 그 밖에 도움이 될 만한 단서는 아무것도 나오지 않았다.

파나키 경감은 생각에 잠겨 창밖을 내다보았다. 지그문트 휘긴스는 십여 년간 병을 앓았고 까탈스러웠다. 그의 아내 델파는 사년 전에 자살했고, 당시 사건 조서엔 남편의 불같은 성격이 그녀에게 절망을 불러온 주요 원인으로 암시되어 있었다. 파나키 경감은 발소리에 뒤를 돌아보았다.

존 설리번 경관이 방에 들어오며 말했다.

"피해자 가족들을 불러놨습니다, 경감님."

"고맙네, 존."

파나키 경감은 존 설리번 경관을 따라 면담 조사를 진행하기로
한 작은 응접실에 들어섰다. 그는 수첩을 꺼냈다.

"먼저 간호사를 불러주겠나?"

로라 볼은 삼십 대였다. 간호사 특유의 친절함을 갖추었고, 파
란색과 흰색이 섞인 면 옷을 단정하게 차려입었다.

"여기서 칠 년 동안 풀타임으로 일했어요. 환자분은 상당히 자
주 발작을 일으켰고, 그중 오십 퍼센트 정도는 제가 옆에 있었
죠. 전 옛날에 하인들이 쓰던 작은 살림채에 살아요. 환자 가족들
은 사이가 좋지 않아서, 불쌍한 부인이 돌아가신 후로는 아마 제
가 가장 많이 이야기를 나눈 상대일 거예요. 까다로운 분이긴 했
지만, 많이 아파하고 아주 고통이 심했어요. 전 사건 당시 약국에
들렀던 참이었어요. 돌아와 보니 경찰이 와 있더라고요. 둘째 아
드님 스콧이 발견하고 신고했다고 들었어요. 제가 더 도와드릴 게
없어 죄송하네요."

두 번째 면담자 제프 휘긴스는 피해자의 장남이었다. 세련된 옷
차림에 약간 사나운 분위기로, 아버지의 죽음이 슬프기보다는 짜
증스러운 듯했다.

"거의 십일 년 전, 아버지가 처음 몸이 안 좋아지셨을 때 사업
을 물려받았습니다. 원래부터 아버지와 그다지 사이가 가깝진 않
았어요. 아버지는 늘 화가 많으셔서 어른이 되고 나서야 한숨 돌
렸죠. 그래도 제 할 도리는 다했고, 주말마다 꼬박꼬박 찾아뵈었
어요. 남동생 스콧이나 여동생 바바라는 저처럼 당당하게 이런 말

못할걸요. 아버지한테나 저한테나 무슨 도움이 됐을까 싶지만 어제 아침 여기서 아버지와 두 시간 정도 있었습니다. 제가 나갈 때쯤에 간호사는 외출했고요. 곧장 클럽에 들러 스카치 소다를 한잔 마시고 집으로 갔습니다."

지그문트 휘긴스의 딸 바바라 로저스는 건강하고 가무잡잡했지만 얼굴에는 오랜 고통으로 인한 주름이 잡혀 있었다. 그녀는 반항적인 태도로 말했다.

"남편 델로이와 저는 아들들하고 어제 종일 하이킹을 했어요. 펜튼 숲을 지나 행맨스 산꼭대기까지 올라가 거기서 피크닉을 했죠. 아주 즐거웠어요. 애들한테 할아버지가 안 계시게 되니 그건 슬프지만, 이제 어머니가 좀 더 편히 쉬셨으면 하네요. 괴롭냐고요? 아이고, 아뇨. 괴롭지 않아요. 아버지로선 끔찍한 분이었어요. 특히 수줍음 많은 여자애한테는. 그리울 일은 없을 거예요."

막내인 스콧 휘긴스는 서른일곱 살이었다. 입은 옷은 말끔했으며, 기분이 가라앉아 보였다.

"네, 제가 발견했습니다. 끔찍한 일이죠. 전 두 시쯤 왔어요. 되도록 토요일마다 찾아뵈려고 했습니다. 제프 형은 벌써 떠났고, 간호사는 외출 중이라 제가 문을 열고 들어왔죠. 처음엔 아버지가 졸고 계시는 줄 알았어요. 아버진 늙은 폭군이셨지만 그런 모습이라니, 끔찍한 일이죠. 진입로에 차를 세웠을 때 휴게실 창문이 열린 걸 보고 알아챘어야 했는데. 아버지는 바람드는 걸 싫어하셨거든요. 제가 미처 생각을 못하고 닫아버렸어요. 그런 다음 신고를 하고, 경찰이 오길 기다렸죠. 슬프다고 말하진 못하겠지만, 좋든 나쁘든 우리 모두에게 있어 아버지는 삶의 중심이셨고, 이제 안 계시다고 생각하니 기분이 묘하네요."

면담이 끝나자 파나키 경감은 수첩을 덮고, 설리번 경관에게 고개를 끄덕여 보였다.

"살인자를 경찰서로 데려가야겠군."

파나키 경감이 의심하는 사람은 누구이며, 이유는 무엇인가?
HINT: 페인트

프랑스식 창문은 페인트를 칠해 막아놓은 상태였다. 스콧은 도착했을 때 창문이 열려 있었다고 주장했다. 최근에 열린 적이 있었다면, 파나키 경감이 페인트 부스러기가 떨어져 나간 걸 봤을 것이다. 페인트가 그대로였으니 거짓말이 틀림없고, 살인범이 피해자에게 쉽게 접근할 수 없는 외부 사람이었다고 수사를 유도하려는 속셈이었던 것이다.

설명에 오류가 있음을 지적하자 스콧은 자백했고, 마침내 죽은 어머니를 대신해 복수할 용기를 내서 속이 시원하다고 인정했다.

바워스 강도 살인사건
The Bowers Murder

바워스 살인사건은 대형 뉴스였다. 명망 있는 은행가 퍼먼 바워스가 자택의 열린 금고 앞에서 살해당했다. 〈크로니클〉지가 사건 특종을 터트렸고, 〈트리뷴〉지는 피해자 부인의 첫 인터뷰를 따냈으며, 〈센티널〉지에선 편집장이 노발대발했다. 조시 콜은 불호령을 묵묵히 견뎠고, 편집장실을 나서려는 그의 귀에 편집장의 마지막 말이 쟁쟁하게 울렸다.

"특종을 물어와. 안 그랬다간 자네 시체 소식을 우리 1면 기사로 만들어버릴 테니까!"

조시는 편집장실 문을 닫았다. 사무실 사람들이 동정 가득한 눈빛부터 고소해하는 얼굴까지 다양한 표정으로 그를 쳐다보았다. 전부 무시하고 조시는 코트와 수첩을 챙겨 엘리베이터로 향했다.

조시가 처음 들른 곳은 글린턴 앤드 매서스 법률사무소였다. 퍼먼 바워스의 가족 변호사 대럴 달턴은 그곳에서 팔 년째 근무하였다. 그는 작은 체격의 안절부절못하는 남자로, 조시 콜이 법률 관련 의뢰를 하러 온 게 아니라 기자라는 걸 알고는 실망하는 기색을 감추려 하지 않았고, 그를 얼른 쫓아내기 위해 마지못해 몇 가지 질문에 답해주었다.

"네, 콜 씨, 저희 고객 퍼먼 씨께선 일시적으로 어려움을 겪고 계셨죠. 기사로 나가든 아니든 더 자세히는 말씀드릴 수 없습니다. 아뇨, 살해든 뭐든 협박 같은 건 없었습니다. 아뇨, 그분에게 원한 관계는 없습니다. 그분이 수상한 일에 연루되어 있었다는 의

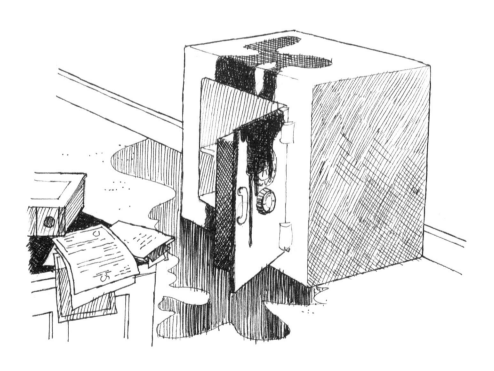

혹은 다 지어낸 소립니다. 제가 아는 한에선 퍼먼 씨는 베니 루카스라는 사람을 알지도 못합니다. 아뇨, 전 루카스 씨나 그 대리인은 전혀 만난 적이 없습니다. 바워스 씨는 존경받는 사업가셨으며 조직범죄와는 아무 연관이 없으셨습니다. 죄송하지만 전 일이 있어서 이만 실례하겠습니다."

퍼먼 바워스의 아내 루스 바워스는 서글서글한 인상이었다. 그녀는 조시 콜을 반겨 맞아주었고, 커피를 대접한 후에 남편의 죽음에 대해 이야기했다.

"다정하고 상냥한 사람이었어요. 정말 사랑했죠. 하지만 그이는 고집을 부릴 때가 있었어요. 살인자들이 남편을 고문해서 금고 비밀번호를 알아낸 게 분명해요. 돈을 빼낸 뒤에 그를 죽였겠죠. 아, 차라리 나를 잡았더라면! 내가 잡혔더라면 반항하지 않고 그냥 비밀번호를 말해줬을 테고, 그럼 남편은 아직 살아 있을 텐데요. 너무 어이없어요. 불쌍한 남편이 일전에 루카스 씨에 대해 좀 안 좋은 이야기를 했는데, 그때 제대로 듣질 않아서 기억은 정확하게 나질 않아요."

그날 아침, 집 주변에는 두 명의 인물이 더 있었다. 그중 한 명은 정원사 찰스 헤드릭으로, 일주일에 세 번 일하러 왔다. 강단 있고 쭈글쭈글한 노인은 대놓고 적의를 보였다.

"당신 같은 기자 나부랭이들이 여기저기 쑤셔대고 들볶는 데에 정말 신물이 나."

그가 딱딱한 말투로 이어서 말했다.

"창고에 있던 산탄총에 그 양반이 죽었다 한들 뭐 어쨌다는 거야. 그건 내 총도 아니고, 창고가 잠겨 있지도 않았어. 나는 그날 종일 남쪽 잔디밭의 배수로 작업을 했지. 총소리도 못 들었다고. 근데 느닷없이 경찰이 와서 귀찮게 하지 뭐야. 기자 양반, 이게 댁의 일이든 말든 내 상관할 바 아니야. 나한텐 점심시간이 더 소중하다고."

집을 찾아왔던 또 다른 사람은 리처드 키츠라는 장작 배달원이었다.

"네, 그 집에 갔어요. 장작통을 채우고 부인에게 영수증을 드리고 나왔죠. 겨우 이 분 정도 있었어요. 그날 배달 코스의 앞뒤 집에 내가 몇 시에 왔는지 확인해보세요. 난 아무것도 못 봤다고요. 그리고 베니 루카스라는 사람 몰라요. 뭐라고요? 댁이 그 사람 이름을 말했으니까 알지, 아니면 내가 어디서 들었겠어요? 아뇨, 전과 없습니다. 어디서 그런 소리를 들은 겁니까? 헛소리, 다 거짓말이에요. 그딴 소리를 신문에다 쓰면 혼쭐을 내줄 테니 알아서 해요. 변호사를 붙여서 고소할 테니까."

기운이 빠져 조시 콜은 사무실로 돌아왔다. 바워스 살인사건 서류철이 그를 얄밉게 맞이했다.

'미망인의 슬픔' 같은 기사로는 먹힐 리가 없었다. 조시는 경찰 정보원에게서 받은 범죄 현장 사진과 사건에 대한 다른 신문사의 기사들을 넘겨보았다. 퍼먼 바워스의 시신은 사진을 찍기 전에 먼저 실어 내보냈다. 금고는 활짝 열려 텅텅 빈 채로 금속광을 반사

하고 있었다. 피는 바닥과 그 주위 벽에 스며들어 두꺼운 금고 문에 새겨진 제조사 이름마저 거의 가렸다.

카펫은 그야말로 엉망진창이었다. 전면에 위치한 어지럽혀진 책상 구석이 사진 한쪽을 차지하고 있었다. 서류와 서류철, 장부가 잔뜩 놓여 있었다.

조시 콜은 순간 뭔가를 발견하고선 벌떡 일어나서 편집장실로 다짜고짜 달려 들어갔다.

"알아냈어요!"

깜짝 놀란 편집장에게 조시가 자신 있게 외쳤다.

"퍼먼 바워스를 죽인 사람이 누군지 알아냈습니다!"

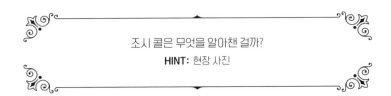

조시 콜은 무엇을 알아챈 걸까?

HINT: 현장 사진

사건 현장 사진에서 금고 주위와 앞면은 온통 피투성이었으나, 금고의 안쪽은 깨끗했다. 퍼먼 바워스는 금고가 열리기 전에 살해된 것이다. 혹시라도 금고가 안 열릴 수도 있는데 도둑이 비밀번호만 알아내고 금고를 열기도 전에 그를 쏴버리는 것은 말이 안 된다.

하지만 퍼먼 바워스의 아내는 이미 금고의 비밀번호를 알고 있었다. 기사가 나가자 경찰은 루스 바워스를 체포했고, 그녀는 결국 자백했다. 남편의 파산으로 몰락을 앞두고 있었기에 아내는 남편에게 약을 먹인 후, 보험금을 노리고 강도 살인사건을 꾸민 것이다.

3

골치 아픈 도둑

A Vexing Theft

메리 밀러는 친구가 차를 따라줄 때까지 기다렸다가, 친구의 팔을 위로하듯 토닥였다.

"자, 이제 무슨 일이 있었는지 말해봐."

그러자 엘도라 왓슨이 자리에 앉아 한숨을 쉬며 자기 찻잔을 내려다보았다.

"어젯밤 폭풍이 칠 때 에트루리아 목걸이를 도둑맞았어. 내가 있던 방 바로 옆에서 도둑들이 활보했다니! 생각만 해도 정말 소름 끼쳐!"

"끔찍하네. 그 목걸이가 사파이어 달린 건가?"

"맞아. 집사 매튜스가 어젯밤 늦게 도둑맞은 걸 발견하고 날 깨웠어. 누군지 몰라도 서재 창문을 깨고 침입해서, 카펫을 온통 진흙투성이로 만들어놓고 케이스에 있던 목걸이를 꺼내 갔어. 그게 어디 있었는지 이미 알고 왔더라고. 그것 말고는 아무것도 건드리지 않았거든. 사람이 다치지 않은 것만도 다행으로 여겨야겠지."

메리 밀러가 물었다.

"그런데 아무 소리도 못 들었어?"

"응. 하지만 비가 쏟아지고 천둥이 쳤으니 못 들을 만도 하지. 정말 속상해."

메리 밀러는 홍차를 천천히 홀짝였다.

"몇 시에 자러 들어갔어?"

"어제 오후엔 제임스와 히튼의 결혼식이 있었어. 정말 멋졌지만 난 꽤 피곤했지. 하지만 천둥소리에 신경이 거슬리더라고. 폭풍이 마침내 잦아들 무렵 열 시에 자러 들어갔고, 눕자마자 잠들었어. 서재를 살펴볼 생각도 못 했지. 그 밤에 굳이 그럴 이유가 있었겠어?"

"그렇지. 일하는 사람들은 어때?"

"어, 집안일을 돕는 알프레다는 아홉 시 삼십 분까지 일하고 친구를 만나러 나갔어. 아침까지 안 들어왔지만 미리 말했던 거라 알고 있었어. 집사 매튜스는 보통 열한 시까지는 안 자고 있지. 매튜스가 마지막으로 집 안을 둘러보다가 목걸이가 없어진 걸 발견했어. 요리사 비즐리 부인은 매일 저녁 식사를 차린 다음 일곱 시엔 퇴근해. 그리고 정원을 돌보는 롤렌 씨와 아들 메릿 스미스가 있지. 그 사람들은 여기 본채가 아니라 문간채에서 자고. 롤렌 씨와도 이야기를 해봤어. 그 사람 말로는 '비가 그친 다음부터 오늘 아침 일곱 시 넘어 여자분들이 돌아올 때까지 쥐새끼 한 마리 얼씬 안 했습니다. 하지만 그 폭우가 쏟아질 때는 악마가 호랑이 떼를 몰고 쳐들어왔다 해도 전혀 몰랐을걸요'라네. 여자분들이란 건 비즐리 부인과 알프레다를 말하는 거야. 둘이 같은 시간에 들어왔거든. 그런데 호랑이가 떼를 지어 다니던가?"

"호랑이는 홀로 지내는 동물이지만, 유행하는 사냥 용어에 '호랑이 떼들의 기습'이란 말이 있는 거 같아. 정원사가 상상력이 풍부한 사람 같네."

엘도라가 맞장구를 쳤다.

"맞아. 그래서 화단 조성 솜씨가 기막히지."

메리 밀러는 미소 지으며 말했다.

"그래, 아주 훌륭하네. 자, 이제 서재를 한 번 봐야겠어."

"물론이지. 알겠지만 사건 이후로 치우질 않았어. 경찰이 그대로 두라고 하더라고."

메리 밀러는 고개를 끄덕였고, 두 사람은 서재로 향했다.

활짝 열린 창문의 아래 유리창이 확실히 깨져 있었다. 잠금 고리도 아무렇게나 젖혀진 상태로 창문에서 목걸이 케이스까지 진흙이 묻어 이어졌다. 도둑은 뚜렷한 발자국을 내지 않으려고 신경 써서 길게 발을 끌며 나아간 자국을 남겼다. 물이 진흙에서 배어나와 옅은 색의 카펫을 물들여 다른 쪽 바닥의 말끔한 상태와 대조되었다. 케이스는 활짝 열려 있었다. 유리가 깨진 것을 제외하면 조용한 절도 사건이었다.

가까이 다가가자 메리 밀러는 창틀에 묻은 진흙 자국 몇 개를 알아볼 수 있었다. 그것 외에 창틀은 깨끗했다. 창밖을 내다보니 땅바닥이 엉망이었지만 뚜렷한 발자국은 보이지 않았다. 창문은 사람 한 명이 지나가기에 충분한 크기였다. 창틀 아래 카펫은 말끔했고 다시 진흙 자국이 이어졌다.

메리 밀러는 진흙 자국에서 물러나 높은 책장 옆에 섰다.

"엘도라, 도둑이 누구인지 알 것 같아."

메리 밀러가 의심하는 사람은 누구이며, 이유는 무엇인가?

HINT: 폭풍

폭풍이 치던 중에 도둑이 침입했다면, 거센 바람과 폭우를 고려해 창틀과 창문 아래 카펫에 비가 들이친 흔적이 있을 법하고, 바람 때문에 창문이 부딪치며 쾅쾅 소리 또한 냈을 것이다. 도둑이 천둥소리에 타이밍을 잘 맞춰 침입할 수야 있었겠지만, 그 이후로 창문이 계속 소리를 냈을 것이다. 결과적으로 폭풍이 지나고 나서 절도가 벌어졌을 가능성이 훨씬 높다. 엘도라 왓슨은 잠들어 있고, 집사 매튜스가 혼자 돌아다니고 있을 때 말이다.

폭풍이 지난 후로는 아무도 드나든 사람이 없다고 정원사가 확언했으니, 매튜스만이 범인일 수 있다. 메리 밀러와 엘도라 왓슨이 지적하자 집사는 갑자기 욕심이 나서 훔쳤다고 자백했다. 그는 목걸이를 돌려주었고 추천장 없이 엘도라의 집을 순순히 그만두었다.

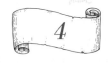

골동품 가게 피습 사건
Attack Among the Antiques

골동품 가게 소유주인 하이람 보챔프는 화요일 밤에 복면 쓴 괴한에게 피습을 당했다. 사건 발생 바로 이틀 전, 보챔프는 규모가 큰 유품 경매장에서 상당한 분량의 골동품을 매입했다. 피습으로 창고와 매장에 들여놓은 작지만 값진 물품들을 도둑맞았고, 보챔프 본인은 머리를 호되게 얻어맞았다.

수요일 날 일찍, 파나키 경감은 병원에 있는 보챔프를 찾아가 기초 조사를 했다.

"덩치가 큰 사람이었습니다. 저보다 컸어요. 어깨가 넓고 근육질이었죠. 해군처럼요. 그자가 저를 습격했어요. 저는 마침 가게 중앙의 조명등을 막 끈 참이었죠. 그래서 범인을 제대로 보질 못했어요. 복면을 쓰고 있었거든요. 얼굴에 천을 단단히 두르고 있었죠. 몸에 달라붙는 검은색 옷차림이었고요. 저는 부지깽이를 집어 들고 그자를 향해 휘둘렀어요. 그냥 쉽게 팔뚝으로 막더군요. 그러곤 몽둥이로 저를 쳤어요. 깨어나 보니 여기 병원이었습니다. 뇌 손상은 없는 것 같아요. 다만 코는 뭉개졌네요. 의사들이 저더러 운이 좋답니다. 그렇겠죠. 경감님이 그놈을 꼭 잡아주세요. 무뢰한이에요."

신고를 받고 출동한 경관들이 가게 주위를 탐문 수사하여 범죄 용의자 네 명을 파나키 경감이 신문할 수 있게 선별했다.

하이람 보챔프의 조수인 고든 헨더슨부터 시작했다. 조사실에 들어서는 고든 헨더슨은 말끔한 바지와 풀 먹인 셔츠 차림이었으

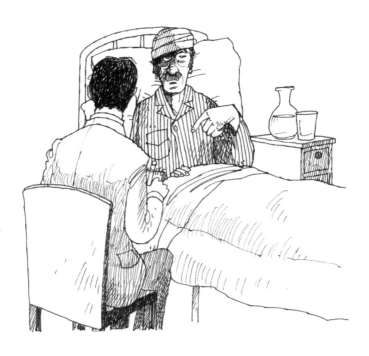

며, 목깃은 풀고 옷소매를 말아 올렸다. 그는 풀이 죽고 걱정스러워하는 모습이었다.

헨더슨은 하이람 보챔프보다 크지 않은 170센티미터 정도였고 날씬했다.

헨더슨은 파나키 경감에게 다급히 물었다.

"하이람 씨는 무사하십니까?"

경감이 고개를 끄덕이자 그는 이내 긴장을 풀었다.

"다행입니다. 어젯밤 제 행적이 알고 싶으시겠죠. 다섯 시 삼십 분에 일을 마쳤고 곧장 집으로 갔습니다. 아내 베키와 저, 그리고 이웃집에 사는 친구들과 저녁을 같이 먹었고요. 그 집에 아홉 시까지 있었죠. 관계자 전부와 이야기하셔야 한다는 건 알지만 빨리 끝내주셨으면 좋겠습니다. 베키가 걱정할 거예요."

맥 거버는 고든 헨더슨 이전에 하이람 보챔프와 일했던 조수로, 키가 크고 덩치가 좋았다. 그는 청바지에 짙은 가죽 재킷, 버튼 다운 셔츠를 입었다.

"하이람 씨 가게에서 몇 달간 일했죠. 괜찮긴 했지만 일이 진짜 지루했어요, 무슨 말인지 아시죠? 솔직히 전 오래된 물건에 관심이 없거든요. 견뎌보려 했지만 결국 질려버렸습니다. 여자친구가 제가 일을 관두는 걸 싫어해서 대신 하이람 씨가 해고하는 거로 마무리 지었죠. 어젯밤에는 시외로 나가서 친구들 몇 명을 만나 술을 마셨습니다. 친구들이 증명해줄 거고요."

노동자 채스 매서슨은 맥 거버와 같은 체격이었다. 부루퉁한 얼굴에, 거의 군인 같은 짧은 머리였다. 그는 밝은색의 반소매 셔츠와 바지 차림이었다.

"네, 그 노인네 압니다. 하지만 그 가게에 들어가 본 적은 없어요. 저하고 맞는 곳은 아니죠. 가구하고 오래된 사진 같은 건 저도 있으니까요. 여섯 시에 일을 마치고, 타번 술집에서 뭘 좀 먹은 다음에 바 몇 군데를 돌아다녔습니다. 그 정도네요. 아뇨, 어디 들렀는지는 잘 기억이 안 나요. 노인네 가게에서 한 블록 안 되는 거리인 타번에서 두어 잔 마셨고, 그다음엔 그냥 어슬렁어슬렁 다녔죠. 가끔 그러고 다녀요. 모르는 가게 몇 군데도 들러보고. 새로운 걸 시험해봐야 하니까 말이죠, 안 그렇습니까?"

마지막 용의자 웨이먼 서틀스는 좀도둑질과 강도 전력이 있었다. 그는 밤이면 대부분 채스 매서슨이 언급한 술집 타번에 있었다. 그 역시 근육질에 180센티미터가 넘는 키였다. 밑단을 자른 바지와 민소매 조끼 차림이었으며, 조바심을 내며 짜증이 섞인 표정이었다.

"이번엔 뭐요, 유명한 경감님도 체포 할당량을 채우셔야 하나? 나 괴롭히기 분량이라도 정해져 있어요? 난 아무한테도 어디서도 아무 짓도 안 했다고요. 어젯밤엔 타번에 있었죠, 아시다시피. 다섯 시쯤 가서 가게 닫을 때까지 꼼짝도 안 했어요. 얼굴을 익힌 라일라가 바에서 일하고 있었으니 그렇다고 말해줄 거고, 다른 단골들 십여 명도 증언해줄 거요. 그러니 체포할 거 아니면 내보내줘요. 더워 죽겠네."

파나키 경감은 조사실을 나와 근무 중인 경사에게 고개를 끄덕이며 말했다.

"세 명은 당장 내보내줘."

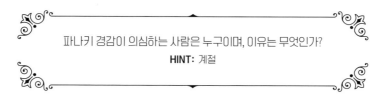

파나키 경감이 의심하는 사람은 누구이며, 이유는 무엇인가?

HINT: 계절

하이람 보챔프는 복면강도에게 부지깽이를 휘둘렀고, 강도는 그걸 팔뚝으로 막았다. 아무리 못해도 상당한 멍이 들었을 것이다. 이전 직원인 맥 거버는 더운 날씨에도 가죽 재킷을 입고 있었다. 파나키 경감이 재킷을 벗어보라고 하자 그는 즉시 포기하고 절도를 시인했다. 하이람 보챔프의 가게에서 일한 전력 덕분에 가게를 털기에 제일 적당한 시간을 파악하고 있었던 것이다.

레이첼 와이트먼 살인사건
The Killing of Rachael Wightman

젊고 예쁜 여교사가 관련된 살인사건은 늘 언론의 주목을 받기 마련이다. 특히 그 피해자가 인기 있고 시장 측근의 조카뻘일 때는 더욱 그렇다. 그녀의 사망 소식이 신문 1면을 모두 차지해버려서, 그날의 다른 두 가지 주요 뉴스인 동물원의 새 늑대 우리 이야기와 예고가 없었던 버스 파업은 거의 묻히다시피 했다.

조시 콜은 보도실에 있는 자기 책상에 앉아 레이첼 와이트먼 살인사건을 새로운 각도에서 조명할 수는 없을까 궁리하고 있었다. 제의를 치르듯이 괴상하게 시신을 배치했다는 내용 등의 자극적이기만 한 뉴스는 이미 한물갔다. 그녀의 비극적인 죽음에 관해 언급되지 않은 내용이 거의 없었다.

경찰은 소수의 주요 용의자들을 대상으로 수사를 진행 중이었다.

첫 번째 용의자 태드 케이블은 건축업자였다. 그는 레이첼 와이트먼의 이웃집을 몇 주째 공사 중이었다. 태드 케이블은 레이첼 와이트먼 양을 무척 매력적으로 생각했다고 순순히 인정했으나, 딱히 의심할 만한 증언은 아니었다. 친구들은 그가 불끈하는 성미가 좀 있다고 했지만, 그건 이 사건과 아무 상관이 없었다. 그는 범행 추정 시간에 아내 이모젠, 처가 식구들과 점심을 먹었다고 했다. 이모젠 케이블이 알리바이를 확인해주었는데도 경찰은 여전히 그가 범인일 가능성이 있다고 여겼다.

두 번째 용의자 어빈 잉그램은 레이첼 와이트먼의 친척이었다. 그는 전날 저녁에 피해자를 찾아왔던 것으로 알려졌기에, 기회 면에서 주목할 만한 용의자였다. 피해자의 친가 쪽 친척인 그는 금융계에서 비서 일을 하는 사람으로, 시 정치인들과 아무 관련이 없었기에 기삿감으로는 흥미를 덜 끌었다. 경찰 보고서에도 딱히 관

심을 가질 만한 내용이 없었다. 레이첼의 마지막 행적으로부터 시체가 발견되기까지 한두 시간 동안, 그는 상사의 심부름으로 거래 은행에서 서류를 받아오느라 시내를 향하는 버스에 탄 채 교통 체증에 시달리고 있었다고 증언했다.

마지막 용의자 윌 블레이저가 살인자일 가능성이 가장 높아 보였다. 그는 피해자 레이첼의 지인으로 그녀에게 홀딱 빠져 있었고, 오래전부터 계속해서 그녀에게 구애해왔다. 하지만 피해자의 호감을 얻는 데 실패하였다. 그는 번번이 상냥하게 거절당했음에도 불구하고 그녀의 사망 소식에 누구보다 크게 슬퍼하였다. 경찰 보고서에 따르면 윌 블레이저는 레이첼 와이트먼을 '일생일대의 사랑'이라고 말했다. 그는 보험 설계사로 일했으며 점심시간 내내 고객을 만나 상담하고 있었다고 주장했다.

조시는 어떤 한 가지 사실이 걸려 미간을 찌푸렸다가, 메모를 시작했다. 경찰 신고 시간을 잘만 조율하면, 〈센티널〉지는 내일 아침에 살인범 체포 기사를 단독으로 보도할 수 있을 것이다.

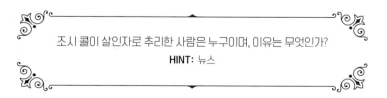

조시 콜이 살인자로 추리한 사람은 누구이며, 이유는 무엇인가?
HINT: 뉴스

레이첼 와이트먼의 친척 어빈 잉그램은 살인이 벌어지는
동안 버스에 타고 있었다고 주장했으나, 버스는 파업 중이
었으니 그의 진술은 거짓이 분명하다. 조시가 경찰에 그 점
을 지적하자, 어빈은 체포되었고 이내 자백했다. 그는 여러
해 동안 레이첼에게 집착했으며 마침내 청혼했으나, 그녀
가 기겁하며 거절하자 넘지 말아야 할 선을 넘고 말았다.

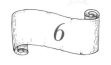

시계 가게 도둑
The Thief of Time

가게는 밖에서 보면 도둑을 맞았다는 걸 전혀 알 수 없을 정도로 말끔했다. 파스 고급 시계점은 별다른 특징이 없는 가구점과 비교적 세련된 프랑스식 식품점 사이에 자리한 가게였다. 다양한 크기의 시계가 창문 진열대에 전시되어 있었다.

파나키 경감은 진열창을 잠시 들여다보았다. 시계들은 전부 비슷비슷하게 네 시 십 분쯤을 가리키고 있었다.

경감은 가게에 들어섰다. 실내는 창문 진열대에서 느껴졌던 대로 잘 정돈되어 있었다. 여기도 시계들이 한결같이 시간이 맞춰져 있었다. 이런 세심한 정돈은 만만한 일이 아니었다.

작은 체구의 꿰뚫어 보는 눈빛을 한 깔끔한 남자가 말했다.

"무엇을 도와드릴까요?"

파나키 경감은 고개를 살짝 숙여 인사하며 말했다.

"브래들리 파 씨겠지요? 파나키 경감입니다."

남자는 미소 지으며 고개를 가볍게 꾸벅했다. 뒷머리에 길고 심하게 멍 든 자국이 보였다.

"아, 경감님. 와주셔서 다행입니다. 제 작업실에서 이야기하실 까요?"

그는 뒤쪽 문을 향해 손짓했다.

"좋습니다."

파나키 경감은 브래들리 파를 따라 유리 카운터 옆문으로 들어가 작은 방에 들어섰다. 벽은 작은 서랍과 칸이 빽빽한 선

반으로 둘러싸여 있었다. 가죽 판을 댄 책상 두 개가 그사이에 놓였고, 다양한 램프와 고정식 확대경이 있었다. 젊고 말쑥하게 차려입은 여자가 서류 더미 여러 개가 놓인 별도의 테이블에서 일어났다. 그녀는 경감을 보고 눈을 깜박이다가 소리가 들리게 중얼거렸다.

"패딩턴 파나키 경감!"

브래들리 파는 여자를 향해 형식적으로 미소 지으며 말했다.

"잠깐 가게 좀 봐줄 수 있을까, 미니?"

여자는 얼굴을 붉혔다.

"물론이죠, 파 씨."

그녀는 일어나서 가게로 나가며 문을 닫았다.

"커피 하시겠습니까, 경감님? 미니에게 시키면 되는데요."

"아뇨, 괜찮습니다."

브래들리 파는 고개를 끄덕였다.

"알겠습니다."

그는 책상에서 의자 하나를 끌어다 파나키 경감에게 권하고, 자기도 하나를 끌어다가 앉았다.

"어디서부터 이야기를 시작할까요?"

"보고서를 보니 습격을 당하고 위협에 금고를 열어주셨다고 하더군요. 월급을 주려고 모아둔 돈과 금고 내용물을 도둑맞았고요. 맞습니까?"

"네, 전 여기서 시계를 수리 중이었습니다. 열두 시 사십오 분 좀 넘어서였죠. 뒤에서 발소리가 들렸지만 별생각 없었어요. 그러다가 머리를 얻어맞고 정신이 혼미해졌죠. 정신을 차려보니 저는 의자에 단단히 묶인 채 머리에는 자루가 씌여 있었습니다. 놈들이 사용한 밧줄과 자루를 갖고 있습니다. 혹시 수사에 필요하시다면 말씀해주세요. 우스꽝스러운 목소리가 말하길, 얌전히 지시에만 잘 따르면 해치지 않겠다고 하더군요."

파나키 경감은 눈을 껌벅거렸다.

"우스꽝스러운 목소리요?"

"네, 누군지 몰라도 끽끽거리는 가성으로 말하더라고요. 정체를 숨기려고 그랬겠죠. 구십 퍼센트까지는 남자라고 확신하지만 단언하진 못하겠습니다. 일주일에 딱 네 시간 동안만 월급을 저 금고에 넣어둔다는 사실을 고려하면, 아무래도 직원 중에 범인이 있을 거란 생각이 듭니다."

파나키 경감이 말했다.

"목소리를 꾸며냈다는 건 원래 목소리를 당신이 알아들을 거란 뜻이죠. 그다음엔 어떻게 됐습니까?"

"물론 시키는 대로 했습니다. 소리 질러 도움을 청하지도 않았고, 금고 안에 뭐가 들었는지 말해주고, 가게에 있는 값나가는 몇 가지 물품을 알려주었지만 결국 그건 가져가지 않았더군요. 그다음엔 시킨 대로 금고를 열었습니다. 바로 저겁니다. 경감님 바로 왼쪽 선반 위에 있는 거요. 도둑은 잠깐 여기저기 뒤적거리더니 나갔습니다. 저는 정말 힘들었지만 결국 묶인 밧줄에서 어찌어

찌해서 몸을 빼냈지요. 마침내 의자에서 벗어나고 보니 정확히 한 시 반이 되기 이 분 전이었습니다."

"알겠습니다. 그런데 가게에 혼자 계셨습니까?"

"네. 미니 버긴은 제 비서 겸 조수지요. 그 시간에 남자친구 엔조와 점심을 먹고 있었다고 했습니다. 그리고 로슨 네이가 원래 가게를 보는데, 오늘은 몸이 안 좋다고 출근을 안 했습니다. 마지막으로 새로 채용한 배달원 워스 헤런이 있죠. 여기서 일한 지 두어 달밖에 안 되었고, 시계를 배달하러 외근 중이었던 걸로 되어 있습니다. 미니, 로슨, 워스 세 사람 다 제가 목요일 오전에 은행에 가고, 귀중품과 도구를 금고에 보관하는 걸 압니다. 미니가 자기 남자친구에게 무슨 말을 했을지도 모르죠. 누구라도 범행을 저지를 수 있던 상황입니다."

파나키 경감은 고개를 끄덕였다.

"고맙습니다, 파 씨. 아주 많은 도움이 되었습니다. 도둑이 누구인지 감이 오는군요."

파나키 경감이 의심하는 사람은 누구일까?
HINT: 현실성

브래들리 파의 증언에 따르면 그는 습격당하고, 눈이 가려졌고, 의자에 묶였다. 그러고 도둑은 그에게 금고를 열게 시켰다. 하지만 그는 나중에서야 의자에서 벗어날 수 있었다고도 말했다. 증언이 이치에 맞지 않는다. 그러므로 그의 말이 진실일 리가 없고, 거짓말을 하는 유일한 이유는 그 자신이 도둑이기 때문이다.

증언에 분명한 오류가 있음을 지적하자, 브래들리 파는 절도를 자백하고 보험금을 타내려 했다고 털어놓았다. 최근 사업이 잘 풀리지 않아 돈이 필요했던 것이다.

한겨울의 자선 무도회
The Midwinter Ball

성 프란시스 드 살 교회는 세월이 남긴 흔적으로 여기저기 상태가 말이 아니었다. 인원은 적지만 열성적인 교구 신도들의 노력에도 불구하고, 수리와 개조에 필요한 비용이 쉽게 모이질 않았다. 너무 규모가 작고, 시내와 떨어져 있었기 때문이다. 결국, 메리 밀러의 친구 프리다 보이어와 남편 클레이튼이 나서서 비용 모금을 위한 자선 무도회를 계획하였다.

무도회는 엑셀시어 호텔에서 열렸다. 리버사이드 특실 전체를 행사용으로 빌렸고, 호텔 직원들은 자선에 관심이 많은 시민이 최소 오백 명은 참석할 거라는 이야기를 들었다. 메리 밀러는 프리다에게 진지하게 돕고자 한다는 의사를 이미 전달했기에 이르지만, 그러나 너무 과하다는 인상을 주지 않을 시간인 일곱 시가 조금 지난 시각에 도착했다. 바깥 기온은 0도 아래로 떨어져 이미 호텔 정원 연못 가장자리엔 살얼음이 얼기 시작했다. 호텔 안에 들어와 뜨거운 펀치를 마시니 좀 살 것 같았다.

무도회의 전시품은 성 프란시스 드 살 교회에서 선별한 미술작품들이었다. 지난 세기부터 내려온 성화와 스테인드글라스 창을 묘사한 생생한 스케치, 흥미로운 동판 탁본, 그리고 오늘 행사의 주인공 자리에는 교회의 성물인 성 프란시스가 사용했던 소박해 보이지만 귀한 잉크병이 놓여 있었다. 주교는 근처에 서서 어색하게 어슬렁거렸고, 훌륭한 저명인사들이 인사말을 하며 그의 앞을 지나갔다. 메리 밀러는 어색해하는 주교가 안된 마음이 들어, 교회와 성인에 대한 이야기를 꺼내보았다. 처음의 어색함을 극복하고 나니 주교는 재미있고 교양 있는 사람이라는 걸 알 수 있었다.

그때 갑자기 요란한 쨍그랑 소리에 모두 깜짝 놀랐다. 검은 옷에 동물 가면을 쓴 남자 몇 명이 강을 바라보고 있는 호텔의 큰 유리 창을 깨고 뛰어들었다. 얼음장 같은 공기가 따라 들어왔다. 커다란 권총을 든 한 남자가 천장에다 총을 발사해서 비명을 잠재웠다.

"입 다물어!"

그가 고함쳤다. 깊고 거친 목소리였다.

"시킨 대로 해, 안 그럼 죽어."

그는 문으로 가서 자물쇠를 잠갔다. 일당 중 두 명이 진열장으로 달려들었다. 주교는 잉크병 앞을 가로막았고, 둘 중 한 명이 팔뚝으로 주교를 거칠게 때려눕혔다. 그들은 진열장을 부수고, 성물을 낚아챘다. 그러는 사이, 다른 세 명은 사람들 사이를 돌며 목걸이, 팔찌, 지갑과 귀중품들을 챙겼다. 조금이라도 저항하면 즉각 폭력이 뒤따랐다.

끝날 것 같지 않았던 몇 분이 지난 후, 메리 밀러는 뚜렷하고 낮은 호루라기 소리를 세 번 들었다. 즉시 남자들은 퇴각했고, 총잡이가 뒤를 지켰다. 몇 초 후, 그들은 모두 사라졌다. 긴급한 고음의 호루라기 소리에 경찰이 출동했음을 금방 알 수 있었다.

충격을 받은 주교에게 양해를 구하고 메리 밀러는 창가로 다가

갔다. 도둑들의 모습이 보이지 않자 그녀는 그자들의 행적을 따라 특실에서 나와 호텔 부지를 돌았다. 경찰 몇 명이 막 도착한 참이었고, 그녀는 그중 한 명에게 간단히 사건을 설명했다.

그 외 도로는 조용했고, 나이 든 거지 한 명이 길 건너 강가 오솔길 아래에 몸을 피하고 있었다. 그는 누더기를 겹겹이 껴입었고, 제멋대로 자란 머리에 떡 진 턱수염을 하고 있었다. 3미터 떨어진 거리에서도 술 냄새가 풍겼다.

경찰 두 명이 거지와 이야기하러 가고, 다른 몇 명은 호텔로 향했다. 거지는 반쯤 얼어붙은 스카치 병을 휘둘러가며 열심히 경찰에게 말했지만, 워낙 혀 꼬부라진 소리여서 뭐라고 하는지 알아듣기 어려웠다. 잠시 후, 경찰 한 명이 빠른 발걸음으로 강가로 내려갔고, 다른 한 명은 일행들과 합류하러 달려왔다.

메리 밀러는 뛰어가는 경찰의 앞을 막아섰다.

"실례합니다. 다른 동료가 도와드릴 겁……."

경찰의 말이 미처 끝나기도 전에 메리 밀러가 조용하지만 다급하게 상대의 말을 자르며 말했다.

"그 거지를 체포하세요. 겉보기와는 다른 사람이에요. 도둑 일당이라고요."

메리 밀러는 왜 거지를 의심했을까?
HINT: 얼음

물에 알코올을 더하면 어는점이 내려간다. 싸구려 스카치라고 해도 0도 근처에서 얼지는 않는다. 거지는 도둑 일당의 파수꾼이었고, 경찰이 온다는 것을 경고하기 위해 썼던 호루라기를 아직 갖고 있었다. 그는 병에 들어 있던 술을 몸에 끼얹어 취한 냄새가 나게 꾸민 다음, 물과 약간의 색소를 대신 채웠다. 그리고 경찰에게 잘못된 방향을 가르쳐주어 일당이 무사히 도망칠 수 있게 하려고 뒤에 남은 거였다.

경찰에 연행된 그는 협조하면 형량을 줄여주겠다는 조건을 듣고서 일당들을 넘기기로 냉큼 합의했다. 덕분에 성물, 메리 밀러의 목걸이, 그리고 대부분의 도난품을 되찾았으며, 도난 사건에 쏟아진 관심 덕분에 교회는 수리에 필요한 금액을 금방 다 모금할 수 있었다.

8

잃어버린 도시
The Lost City

탐험가 콜린 앤드루스가 놀라운 발견 소식을 들고 사하라 사막 장기 여행에서 막 돌아온 참이었다. 여러 매체들과의 짧고 격렬한 다툼 끝에 〈센티널〉지는 단독 인터뷰의 기회를 따냈고, 조시 콜이 인터뷰를 위해 그랜드 호텔에 있는 그의 방으로 향했다.

앤드루스는 키가 크고 몸이 좋았으며, 가무잡잡하게 탔고, 꽤 많이 푸석해지긴 했어도 여전히 미남이었다. 그의 존재감이 확실히 실내를 메웠다. 조시의 파트너 사진기자인 무뚝뚝한 청년 아담이 방 안을 어슬렁거리며 활짝 웃는 탐험가의 사진을 찍는 동안, 조시는 인터뷰를 진행했다.

"문명 세계로 돌아오신 걸 환영합니다, 앤드루스 씨."

앤드루스가 씨익 웃자 햇볕에 갈색으로 그을린 얼굴에서 하얀

이가 빛났다.

"편하게 콜린이라고 부르세요. 고향에 돌아오니 좋네요."

"저희 독자들에게 본인 소개를 잠깐 해주시겠습니까?"

"제가 여기 사람이라는 걸 알면 반가워하시겠죠. 늘 미지의 세상을 탐험하는 데 푹 빠져 있었어요. 상선 해군으로 근무하면서 세계 각지를 돌며 곳곳에 친구와 지인들을 만들었습니다. 그중 한 명이 카트만두에 저를 초대해 고대 유적 탐사 여행에 사로잡혔고, 그다음은 다들 아시는 대로입니다. 캄보디아 사원에서부터 페루 정글까지 두루두루 다녔지요. 그러다 이번에 특별한 걸 발견했습니다."

"그게 뭡니까?"

"오랫동안 모래언덕 아래에 숨겨져 있던 고대 사막 도시 이렘입니다. 그곳에 대한 전설이 몇 세기 동안 전해져왔죠. 있을 리 없는 첨탑을 먼발치에서 봤다거나, 나타나자마자 사라져버리는 벽의 신기루를 목격했다는 여행자들의 보고가 이어졌어요. 그런데 그 도시는 전설이 아닌 진짜였고, 모래언덕에 둘러싸여 보호되고 있었어요. 그곳으로 들어가는 연결된 길이 있었고, 그 안은 정말 대단했습니다. 괴상하게 천장이 낮아, 가끔은 아예 몸을 반쯤 접다시피 해야 하는 건물들이 가득한 도시를 발견했습니다. 사원은 훨씬 높아서 다른 건물들을 압도했고, 이집트 것과 비슷하지만 낯선 신 동상도 많이 있었습니다. 이마가 툭 튀어나오고 뿔 달린 뚱뚱하고 매끈한 악어처럼 생긴 신이었죠."

조시는 메모를 끄적거렸다.

"흥미롭군요."

"그렇죠. 베두인족은 죽음의 땅이라며 그 지역에 아예 접근하지 않으려 했어요. 도시의 몰락에 대해 희미하게 구전으로 알고 있었는지도 모르죠. 짐꾼들 없이 가려니 필수품 외에 대부분의 짐은 포기해야 했지만, 그럴 만한 가치가 충분했어요. 할 수 있는 한 오랫동안 있으면서 되는 대로 기록을 했지만, 사막 한가운데에서 돌아오는 길은 길고 고되었습니다. 음식과 물만 있었다면 그 무너져가는 벽 사이에서 한 달이라도 있었을 텐데. 스케치 몇 장을 내드리죠."

"이젠 뭘 하실 참입니까?"

콜린 앤드루스는 씩 웃으며 말했다.

"좀 쉬어야죠. 그럴 만하다고 봐요. 더니든에서 출발한 작은 증기선 밸리언트 호를 타고 어젯밤 이곳에 도착해서, 곧장 이발소에 가서 석 달 치의 덥수룩한 머리카락과 턱수염을 잘랐죠. 그러고 여기 그랜드 호텔로 와서, 제일 큰 스테이크와 샴페인 한 병을 주문했습니다. 그다음은 이제 지켜봐야죠."

"대단하군요. 시간 내주셔서 고맙습니다, 콜린. 추가 질문이 있으면 연락드리죠. 만나서 반가웠습니다."

조시는 방 뒤쪽 벽 앞에서 어슬렁거리는 사진기자를 불렀다.

"가자고, 아담."

보도실로 돌아온 조시는 편집장에게 보고하러 갔다.

"어땠나?"

편집장이 묻자 조시가 대답했다.

"새빨간 거짓말쟁이입니다. 그냥 스페인이나 멕시코 해변에 앉아 두어 달 노닥거리면서 그럴싸한 이야기를 지어냈겠죠."

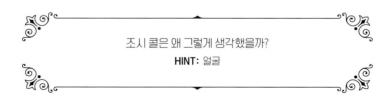

조시 콜은 왜 그렇게 생각했을까?
HINT: 얼굴

콜린 앤드루스는 가무잡잡하게 그을려 푸석하기조차 했
으며, 이는 한동안 사막에서 지냈다는 말과 일치한다. 하지
만 그는 전날 면도를 했다고 했는데, 만약 석 달 치의 수염
을 깎았다면 얼굴 상당 부분이 눈에 띄게 하얗게 남아 있어
야 맞다. 대부분의 신문은 그 불일치에 대한 언급 없이 기
사를 실었다.

며칠 후, 콜린 앤드루스는 잃어버린 도시로 돌아가기 위
한 상당한 금액의 기금 모금 운동을 벌이려 했다. 〈센티널〉
지는 탐험가의 진실성에 의문을 제기하고 턱수염 문제를 언
급한 기사를 냈으며, 앤드루스는 다음 날 아침에 행방을 감추
었다.

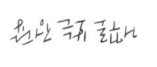 

남동생의 죽음
The Death Of A Brother

"정말 이해가 안 가, 메리."

니타 요크는 다시 울기 시작했고, 메리 밀러는 친구를 안고 등을 토닥여주었다.

"내 남동생 브래드는 절대 자살할 사람이 아니야. 그럴 리 없어."

"자살이 확실하대?"

"그래, 의심의 여지는 없어. 브래드의 제일 친한 친구인 알피레아가 급히 와달란 전화를 받았대. 최대한 서둘러 왔지만, 현관에 다가서다 보니 어두운 다락방 창문으로 브래드가 보이더란 거야. 브래드가 의자에 올라서 있다가 그걸 걷어차고⋯⋯."

니타 요크는 본격적으로 흐느끼기 시작했다.

메리 밀러는 친구가 진정할 수 있게 잠시 기다렸다.

"알피가 경찰에 연락했고?"

"그 즉시 했대. 하지만 이미 너무 늦었던 거지. 동생이 너무 그리울 거야."

"나는 몇 번밖에 못 봤지만, 성품이 좋아 보였는데."

니타 요크는 고개를 끄덕였다.

"내가 아는 모든 사람 중에 제일 착했어. 부모님께도 나름의 단점이 있긴 했지만, 우리 둘을 성실하고 사려 깊은 사람으로 키워주셨지. 상황이 얼마나 나쁘든 간에, 동생이 이렇게 잔인하고 이기적인 일을 하다니 상상이 안 가. 말이 안 돼."

메리 밀러가 부드럽게 말했다.

"사람이 절박하면 끔찍한 결정을 하기도 하지."

"그야 그렇지만, 절박했으면 왜 말을 안 했을까? 왜 도와달라고 하지 않았을까? 내심 날 미워했던 걸까?"

"그건 아니야, 니타."

"그럼 왜 이런 짓을 했을까?"

메리 밀러는 한숨을 쉬었다.

"음, 모르겠어. 동생에게 뭔가 심각한 문제가 있었어?"

그녀는 어깨를 으쓱했다.

"별로. 진짜로 심각한 일이 있었던 건 아니야. 리비 노튼이라는 아가씨의 마음을 얻으려 했는데, 그건 잘되는 것 같았어. 그리고 일이 지겹다고 했었지. 하지만 그게 목숨을 끊을 이유는 안 되잖아."

"안 되지. 어머님하고는 이야기해봤어?"

"어머니도 충격을 많이 받으셨고, 이유를 도무지 모르시겠대. 아무도 몰라. 알피도, 브래드의 상사도, 아무도."

"건강 면에서 뭔가 끔찍한 소식을 들었을 가능성은 없을까?"

니타 요크는 몸을 떨었다.

"그럴 가능성은 희박할 것 같아. 로이드 데이비스 선생님이 우리가 태어났을 때부터 봐주셨거든. 어제 내가 신경이 예민한 문제로 진찰을 받았으니, 혹시 동생에게 뭔가 문제가 있었다면 최소한 내게는 슬며시 이야기를 흘리기라도 하셨을 것 같아."

"혹시 브래드가 쇠약해진 기미는 없었고?"

"전혀. 몸이 불편했다면 컴컴한 다락에서 목을 매겠다고 이층 부엌 의자를 계단이랑 사다리까지 타고 끌고 올라가진 않았겠지."

"그래, 그렇긴 하네. 브래드의 인생에 숨겨진 면이 있을 가능성은?"

"그게 내가 계속 의문을 품고 있는 점이야. 그동안 내가 알아왔던 동생의 모습은 가면이고, 끔찍하게 어두운 면을 모든 사람한테 여태껏 숨겨왔다고는 도저히 상상이 안 돼. 그렇다면 너무 참담해. 만약에 그게 맞다면 동생을 두 번 잃는 기분이야. 무시무시한 범죄에 휘말렸거나, 이성을 잃었거나, 상상조차 못 할 짓을 저지른 끔찍한 변태일지도 모르지."

메리 밀러는 친구의 손등을 토닥였다.

"아니, 그건 아닐 거라고 확신해. 사실, 자살이 맞는지 무척 의심이 가."

니타 요크는 너무 놀라 숨을 들이쉬며 말했다.

"무슨 말이야?"

메리 밀러는 왜 브래드의 자살을 의심할까?

HINT: 다락방

친구 알피 레아는 집에 왔다가 브래드가 의자를 걷어차고 목을 매는 광경을 보았다고 말했다. 브래드는 다락에 있었고, 니타 요크의 말에 따르면 그곳은 사층 높이였다. 알피 레아는 현관에 가까이 있었으니, 그 높이의 창문을 올려다보면 창가 근처의 천장 일부만 간신히 보였을 것이다. 만약 브래드가 바로 창 앞에서 목을 맸다고 해도, 다락의 창문이 바닥까지 내려오는 게 아니고서야 의자는 보이지 않았을 것이고, 그랬다면 다락이 컴컴했을 리가 없다.

사실, 조사하고 보니 알피 레아 역시 리비 노튼에게 구애하고 있었으며, 브래드가 그녀의 마음을 얻은 것에 대해 무척 질투했다. 알피와 브래드는 언쟁을 벌였고, 알피는 친구를 목 졸라 죽인 다음 살인을 감추려고 목을 매어 자살한 것처럼 현장을 조작했음을 자백했다.

10

도둑맞은 사파이어
Stolen Sapphires

은행가 월터 스토플은 인맥이 풍부했기에 자기 아내가 파티 중에 고가의 사파이어 반지를 도난당했다는 사실을 알자마자, 그 즉시 파나키 경감을 집으로 불러들일 수 있었다.

파나키 경감은 월터 스토플의 집에 도착해서는 파티가 중단되지 않고 여전히 진행 중이라는 사실을 발견하고 약간 놀랐다. 진지한 얼굴의 오십 대 남자 월터 스토플이 문을 열어주고는 파나키 경감을 조용한 응접실로 데려갔다.

"이렇게 빨리 와주셔서 고맙습니다. 일요일이라 일하는 사람들은 쉬고, 오늘 여기엔 손님으로 온 세 쌍의 부부와 저희뿐입니다. 지인 중에 도둑이 있다고 생각하고 싶진 않지만, 다른 가능성이 없어요. 그래서 도난 사건에 대해 손님들에게 아직 말을 안 했습니다. 아내의 반지를 처분할 기회가 없도록 모두 있는 여기 이 자리에서 해결을 봤으면 하는 게 제 바람입니다. 물론 보험이야 들었지만, 아내가 할머님에게 물려받은 거라서 꼭 찾아야 하거든요."

파나키 경감은 파이프 담배를 피우며 말했다.

"최선을 다하겠습니다."

"경감님의 실력을 생각하면 분명 쉽게 해결하시리라 믿습니다."

"과찬이십니다. 먼저 여쭤볼 게 있는데, 손님 중에 누구든 혼자 있었던 시간이 있습니까?"

"네, 점심 식사 후에 삼십 분 동안 모두 뿔뿔이 흩어졌었지요. 저는 몸이 안 좋아서 잠깐 낮잠을 잤습니다. 아내인 페이가 저를 깨웠고 그다음에 모임을 재개했지만, 다들 따로 뭔가를 할 기회가 있었을 겁니다. 모임을 재개하기 직전에 도난당한 걸 발견했지만

경감님이 오실 때까지 입을 다물기로 했지요. 반지는 아내의 화장대 위 상자 안에 있었습니다. 제가 자는 사이에 누가 슬며시 들어와 가져간 겁니다. 그 외 시간엔 다들 함께였거나, 최소한 두세 명씩 모여 있었고요."

"알겠습니다."

"제가 자기 전에는 거기에 반지가 있었다고 확신합니다."

"스토플 씨, 이야기를 나눌 수 있게 사람들을 여기로 모셔올 수 있나요? 한 명씩, 이유는 말하지 마시고요."

"물론입니다."

파나키 경감이 말했다.

"스토플 부인부터 시작하겠습니다."

월터 스토플은 순간 눈을 껌벅였으나, 마지못해 고개를 끄덕였다.

페이 스토플은 놀랄 만큼 차분했으나 예의 바른 겉모습과 다르게 내면엔 분노가 퍼뜩 엿보였다.

"남편 월터가 눈 붙이러 들어갔을 때, 저는 남은 음식과 접시들을 치웠어요. 요리사 벤튼 부인이 차게 먹을 수 있는 요리로 뷔페를 차려놓고 갔거든요. 저는 다 제자리에 챙겨 넣고 설거지 기계를 돌렸죠. 그런 다음 잠깐 앉아 있다가 커피를 내리고 남편을 깨우러 갔어요. 그때 도난당한 걸 발견한 거죠."

앙투안 블랑샤는 거의 2미터에 달하는 장신에 깡마른 남자였다. 프랑스 억양이 조금 있는 말투였고 다른 사람들과 마찬가지로 은행가였다.

"점심 식사 후 당구 연습을 하고 있었어요. 시간 날 때마다 그러거든요. 기술을 아무리 갈고닦아도 넘치지 않는 게 딱 두 가지 있는데, 당구와 연애죠."

우나 블랑샤는 참석자 중에 가장 어렸고, 남편과 십 년 이상은 나이 차이가 났다. 그녀는 매우 사랑스러웠고, 경감이 점심 식사 이후의 행적을 묻자 빨갛게 얼굴을 붉혔다.

"먹은 게 잘못되었는지, 저는 속이 안 좋았어요."

조이 휘트슨은 얼핏 보면 산타클로스를 닮은 외모였다. 턱수염이 하얗기보단 회색이었고 말끔하게 다듬긴 했지만 말이다.

"점심 식사 동안 집배원이 지나가는 걸 봤는데 월터네 대문 앞에 멈춰 서는 것 같더군요. 그래서 혹시 우편물이 온 게 있나 싶어서 산책 삼아 나가봤습니다. 아무것도 없기에 도로 집으로 들어왔죠. 요즘은 제가 걸음이 느려져서 시간이 꽤 걸렸어요."

오다 휘트슨은 키가 크고 늘씬했으며, 우아하고 품위 있는 분위기가 감돌았다.

"저는 집 뒤의 정원에 있었어요. 페이의 장미는 늘 훌륭하거든요. 특히 이 무렵엔 더 아름답죠. 장미를 구경하느라 시간 가는 줄도 몰랐네요. 다들 모여서 모임을 재개하고 나서 페이가 저를 불러들였어요."

보이스 프라우즈는 키가 큰 남자로, 사건을 알고 놀란 눈치였다.

"점심을 먹고 나서 월터의 박제 컬렉션을 보러 갔습니다. 휴게실에 유난히 사나워 보이는 곰이 있거든요. 월터는 말코손바닥사슴이 제일 자랑스럽다고 했는데, 전 솔직히 그 이유를 모르겠습니다. 큰 동물이긴 합니다만 박제가 잘되지 않았고, 사슴이란 게 뭐 그리 잡기 힘든 동물 같지도 않아서요. 월터는 그래도 그게 자기를 잡을 뻔했다고 그러더군요."

데보라 프라우즈는 작은 체구였으며, 요란스런 남편에 비교하면 상당히 차분했다.

"저는 책을 읽고 있었어요, 여기에서요."

그녀가 말하며 근처 테이블에 놓인 책을 가리켰다.

"몇 년 전에 아주 인기 있었던 스토커 소설이죠. 전에는 안 읽었거든요. 꽤 흥미진진했어요. 페이한테 책을 빌리려고 했는데 이 상황에 부탁하기는 어렵겠네요."

기초 면담이 끝나자, 월터 스토플은 경감에게 돌아왔다.

"이제 어떻게 하실 겁니까? 제가 뭔가 할 일이 있을까요?"

"사실 좀 더 자세히 질문하고 싶은 사람이 있습니다. 아주 상세히요."

파나키 경감이 말했다.

파나키 경감이 의심하는 사람은 누구일까?
HINT: 일요일

그날은 일요일이었으니 집배원이 근무했을 리가 없다. 잠깐만 생각해봐도 그 점은 분명하다. 이 사실을 들이대자 조이 휘트슨은 순순히 절도를 자백했다. 경감과의 일대일 면담에서 당황한 것을 숨길 수는 있었지만, 그럴싸한 거짓말을 떠올리지는 못했던 것이다.

조이 휘트슨은 월터의 상태를 확인하러 올라갔다가, 반지가 화장대에 놓여 있는 걸 보고 훔치기로 마음먹었다. 이 스캔들로 그는 일자리를 잃었다.

스워거티 살인사건
The Swaggerty Murder

하이트 가의 고급스런 사무실에 있는 스워거티, 호튼 앤드 스미스는 기자들에겐 잘 알려진 법률사무소였다. 악명 높은 명예훼손 소송 대부분을 진행했기 때문이다.

허셸 스워거티 살인사건은 아주 큰 뉴스가 될 참이었고, 조시 콜은 현재로선 그걸 아는 유일한 기자였다. 그는 편집장에게 1보 속보 기사를 먼저 넘겼고, 보도가 크게 터지기 전에 좀 더 길고 자세한 기사를 작성하기 위해 자료를 찾으러 정신없이 시내를 돌아다녔다.

다행히도 법률사무소 측은 남은 파트너 변호사들이 성명서를 작성하는 동안 입을 다물고 있었다.

허셸 스워거티의 아내 해리엇은 넋이 나가서 조시에게 유용한 정보를 주기는커녕 제대로 말도 하지 못했다. 사진기자 아담이 그나마 독자들에게 잘 먹힐 것 같은 사진을 얼른 찍었다.

허셸 스워거티 아래에서 일하는 주니어 파트너 변호사 하먼 샌즈는 조시가 실명을 밝히지 않고 '익명의 관계자'로 기사에 인용하겠다고 약속하자 좀 더 터놓고 말해주었다.

"허셸은 강한 분이었죠. 자기가 원하는 걸 분명히 알고, 그걸 얻기 위해 전력을 다했어요. 그야 물론 마찰도 좀 있었죠. 하지만 저희는 범죄자들과 일하지 않습니다. 우리 법률사무소 고객들은 부당한 대우를 받는 선량한 사람들이에요. 전부 다 그렇죠. 저희는 그 점을 긍지로 여깁니다. 최근에 허셸은 개발업자 미드허스트의 일을 따내려 하고 있었죠. 막 이글턴스 법률사무소의 클리프턴 스미스를 따돌린 참이었어요. 하지만 클리프턴이 큰 고객을 하나 잃었다고 사람들을 죽이겠습니까? 아무리 사무소가 고전하고 있다고 해도, 정말 그건 아니라고 봐요. 그렇게까지 화난 건 아니에요, 확실히."

조시는 허셸 스워거티의 비서 마미 우즈를 단골 식당에서 찾아내 상사의 죽음에 조의를 표하며 자기소개를 했다.

"아, 고맙습니다. 혹시 성함이……? 아, 안녕하세요, 조시 콜 씨. 네, 출근해 보니 경찰이 와 있더라고요. 어, 아뇨. 집 밖에서 살해되셨대요. 네, 맞아요. 엄청나게 끔찍한 일이고, 저는 그냥 집에 가고 싶지만, 서류 정리에 제가 필요하대서요."

이글턴스 법률사무소는 허셸 스워거티의 법률사무소에서 멀지 않은 곳에 있었고, 클리프턴 스미스는 허셜에 대한 몇 가지 질문에 기꺼이 대답해주었다.

"뱀 같은 작자예요. 윤리관이 흐리멍덩하기 짝이 없죠. 뭐, 확실하게 증명할 만한 건더기는 없지만, 지저분한 소문이 들리니까요. 그가 마피아 보스와 식사하고 있다거나, 부패 정치인의 엄청난 사기극을 덮어주는 데 협조한다는 이야기가 나온다 해도 전 놀라지 않을 겁니다. 뭐라고요? 살해당해요? 어, 저런! 끔찍한 일이군요.

안타까운 일입니다. 우리 시의 큰 손해지요. 위대한 변호사를 잃었군요. 정말 괜찮은 변호사인데…… 이제 그만 가주시죠."

조시가 보도실에 돌아와 보니, 친한 경찰 피트에게서 연락 달라는 내용의 전화 메모가 여러 개 붙어 있었다. 그는 즉시 수화기를 들어 피트에게 전화를 걸었다.

"조시, 내일 아홉 시에 허셸 스워거티 살인사건에 대해 발표할 거야. 아까 통화한 후로 다른 희생자를 발견했어. 유명인은 아니고 배달원인데, 아마 옆에 있다가 운 나쁘게 당했을 거로 추정하고 있어. 이름은 데이브 캐리고 로버츠 앤드 선이라는 회사 소속이야. 이십 대 중반이라는 것 외에 다른 정보는 없어."

"괜찮아, 그걸로 충분해. 두 번째 희생자는 충격을 더해주지만, 세부사항은 그렇게 중요하지 않거든. 스워거티에 대한 건 또 뭐 없고?"

"조금. 이탈리아인들과의 관련성을 찾아냈어. 체포할 수 있을 정도는 아니지만, 그쪽 사람이라는 걸 확신하기에는 충분하지. 그리고 최근 거액의 돈을 아무 서류 작업 없이 누군가에게 넘겼더군. 무슨 정보를 찾고 있었던 것 같아."

"미드허스트 건에 우세를 점하려고?"

피트는 잠시 생각에 잠겼다.

"개발업자? 흠, 그럴 수 있지. 거기서 요 몇 년 동안 해안 마리나 공사를 하지 않았나?"

"아마도. 저기, 그럼 가봐야겠어. 이번에 크게 신세를 졌군."

"그렇고말고."

"고마워, 피트. 이번 주에 꼭 신세 갚을게."

조시는 전화를 끊고, 생각에 잠겨 뒤로 기댔다. 그러다가 문득 살인자가 누구인지 깨달았다.

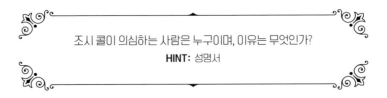

조시 콜이 의심하는 사람은 누구이며, 이유는 무엇인가?
HINT: 성명서

허셜 스워거티 밑에서 일하던 주니어 파트너 변호사 하
먼 샌즈는 클리프턴 스미스의 유죄 가능성을 일축할 때 '사
람'이 아니라 '사람들'을 죽이겠냐고 했다. 아직 아무 발표
도 하지 않은 상태에서 두 번째 희생자의 존재를 아는 사람
은 살인자뿐이다.

하먼 샌즈는 체포되었고 살인을 자백했다. 그는 스워거
티의 일을 물려받고 싶은 마음이 간절했다. 부분적으로는
야심 때문이었지만, 한편으로는 현재 월급으로는 감당할
수 없는 거액의 도박 빚이 있어서였다.

원안 국제 콜하 180

12

스캔들 위기!
A Nascent Scandal

비다 티그는 떠오르는 신예 여배우로, 자그마하고 사랑스러웠으며 다채로운 에너지가 넘쳤다. 고된 업무에 지쳐 보이는 경사가 그녀를 파나키 경감의 사무실로 안내했고, 문에 들어서기 무섭게 비다 티그는 눈물을 터트렸다. 경사는 그녀를 소개하고 얼른 밖으로 나갔다.

잠시 후, 울음이 진정되고 나서야 그녀가 말했다.

"죄송해요, 경감님. 절 멍청이라고 생각하시겠네요. 파나키 경감님이 제 인생을 구해주신다고 생각하니 이제야 마음이 놓여서 그래요."

그녀의 목소리는 알 수 없는 감정으로 흔들렸다.

파나키 경감은 상대를 안심시키려고 미소를 지어 보였다.

"뭘 도와드릴까요, 티그 양?"

"전……."

그녀는 말꼬리를 흐렸다. 그러더니 마음을 다잡았고, 다시 입을 뗐을 때는 훨씬 안정된 목소리로 차분하게 말했다.

"제가 참 멍청했어요. 애인 말에 휘둘려서 저질인 사진작가한테 민망한 사진을 찍었어요. 그 사람의 이름은 버드예요. 엘스워스 버드, 사진작가 말이에요. 전 체임버스의 새 연극 〈노란 옷의 왕〉에 출연하게 되어서 앞으로 몇 달 동안 순회공연을 할 거예요. 애인 존이 제가 생각날 때 보겠다고 조르면서, 엘스워스 버드가 믿을 만하고 입이 무겁다고 우겼어요. 제가 좀 취했던가 봐요. 사진과 필름을 모두 그 자리에서 받을 수 있게끔 저희가 사진작가의 스튜디오로 갔죠. 그게 사흘 전의 일이에요."

"무슨 상황인지 알 것 같습니다."

"근데 어젯밤에 도둑이 들었어요. 어제는 일이 빨리 끝나서 조금 일찍 집에 왔죠. 위층에서 서랍이 닫히는 소리를 듣고서 너무 놀라 소리를 질렀지만 아무 반응이 없었어요. 벽난로 옆에 있는 부지깽이를 집어 들고서 덜덜 떨며 위층으로 올라갔어요. 제 방은 엉망진창인 데다가 필름은 사라졌고, 창문이 활짝 열려 있더라고요. 물론 없어진 게 맞는지 확인했죠. 옷장 위까지 다 봤어요, 혹시나 하고요."

"없었군요."

"네. 그런 다음 담요를 껴안고 아래층으로 내려와서 거실에서

울다 잠들었어요. 제 방에서 잔다고 생각하니 뭔가를 침범당한 기분이었거든요. 오늘 오전 소파에 있는데 거액을 요구하는 쪽지가 든 봉투가 배달 왔어요. 아버지가 내주실 수는 있지만, 제가 여배우가 된 걸 창피해하시는 분이세요. 만약 아시게 되면 수녀원이나 뭐 그런 데로 들어가겠다고 해야 할걸요. 그 사진이 공개되면 제 경력은 끝이에요. 정말이지 심각한 곤경에 처했어요."

파나키 경감은 생각에 잠겨 고개를 끄덕였다.

"그 사진에 대해선 애인 존과 사진작가 엘스워스 버드를 제외하면 아무도 모르는 거겠죠?"

비다 티그는 한숨을 내쉬었다.

"버드에겐 조수가 있었어요. 저도 안면 정도는 있는 사람인데,

눈이 크고 멍청한 코린 쿠퍼라는 여자예요."

"그럼 세 명이군요. 쪽지는 갖고 계십니까?"

그녀가 쪽지를 넘겼다. 파나키 경감은 주의 깊게 살펴보았다. 깔끔하게 타자로 친 숫자만 있었다. 확실히 거금이었다. 그만한 액수라면 그가 십 년은 벌어야 했다. 그는 쪽지를 증거물로 보관했다.

두 시간 정도 후, 티그는 시내 중심의 멋진 건물 아래 두 층을 차지한 자기 집을 경감에게 보여주었다. 안에는 침입한 흔적이 거의 없었다.

그녀의 목소리가 약간 흔들렸다.

"뒤진 건 침실뿐이에요. 물론 제가 살펴보느라 좀 건드리긴 했지만, 대부분은 그자들이 어질러둔 그대로예요."

그녀는 파나키 경감을 위층 침실로 데려간 다음, 훌쩍이며 혼자만 다시 내려갔다.

불이 켜진 비다 티그의 침실은 크고 가구가 많았으며, 상당히 엉망진창이었다. 창문은 아직 열려 있었고, 시월의 공기가 싸늘했다. 천장에 붙은 실링 팬이 돌아가고 있어서 찬 기운이 더했다. 창밖의 아래 거리는 놀랄 만큼 소란스러웠다. 파나키 경감은 코트 옷자락을 단단히 여몄다.

높은 옷장 두 개의 문이 열린 채 흐트러져 있었다. 선반은 비었고, 심지어 화장대 작은 서랍들까지 빼서 바닥에 내던져져 있었다. 옷, 화장품, 개인물품들이 아무렇게나 바닥에 온통 널브러진 상태였다.

　조심스레 발을 디디며 파나키 경감은 창가로 갔다. 나무 창틀에는 손상이나 억지로 연 흔적이 없었다. 파나키 경감은 고개를 내밀었다. 바로 4.5미터쯤 아래, 아무것도 심지 않은 화단에 발자국이 깊게 나 있었다. 장화 발자국 발끝은 벽 쪽을 향해 있었다.

　파나키 경감은 돌아서서 어지럽혀진 방 안을 둘러보았다. 그러고 중얼거렸다.

　"모든 것이 분명해 보이는군."

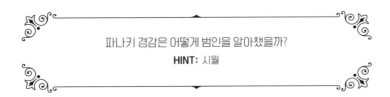

파나키 경감은 어떻게 범인을 알아챘을까?

HINT: 시월

시월이고 비다 티그가 아래층에서 잘 때 담요를 챙겼을 정도로 쌀쌀한 날씨였지만, 방에는 실링 팬이 돌아가고 있었다. 파나키 경감은 실링 팬을 껐고, 팬 날개 윗면에 껌으로 붙여놓은 작은 봉투에 든 필름을 발견했다.

조사 결과, 티그의 남자친구 존이 협박범이었다. 그가 방을 뒤진 것처럼 꾸며놓던 중에, 티그가 집에 일찍 돌아왔다. 당황한 그는 혹시 그녀가 곧장 경찰에 신고하면 필름을 어디 안전한 곳에 숨기기 전에 체포당할 수 있으니 필름을 갖고 나가는 건 너무 위험하다고 생각했다. 그래서 그는 얼른 필름을 씹던 껌으로 실링 팬 위에다 붙이고, 봉투가 덜 보이도록 실링 팬을 가동한 다음, 창문으로 도망갔다.

그는 다음 날 저녁에 그녀를 위로한다는 핑계로 찾아와서 그녀가 딴 데 정신 팔린 틈에 필름을 챙겨갈 수 있으리라 계산했다. 파나키 경감이 티그에게 평소 존이 껌을 즐겨 씹는다는 것을 확인하자마자 그는 주요 용의자가 되었고, 자신이 받게 될 수 있는 처벌이 어마어마하다는 것을 알게 되자 곧바로 자백했다.

사라진 귀걸이!
The Missing Earrings

메리 밀러와 보니 키일러가 알고 지낸 지는 십 년이 넘었다. 열렬한 조류 관찰가인 두 사람은 몹시 추운 겨울철을 제외하면 거의 매달 함께 교외로 나갔다. 그러나 서로의 집을 자주 방문하지는 않았기에 어느 쌀쌀한 날, 메리 밀러는 친구의 집 거실을 둘러볼 기회가 생기자 흥미가 동했다.

거실의 중심엔 우아한 파란색의 편안한 소파 두 개가 유리와 버드나무로 된 테이블을 둘러싸고 있었다. 창틀에는 제라늄 화분 한 쌍이 양쪽에 놓여 있고, 그 가운데의 화려한 히비스커스는 햇살을 등지고 방 안쪽으로 뻗어 있었다. 벽에는 근사한 전원 풍경화와 훌륭한 극락조 그림들이 장식되어 있었고, 구석에는 다양한 스타일의 새 도자기가 유리 케이스 안에 진열되어 있었다.

메리 밀러는 특히 귀여운 라기아나 극락조를 가리키며 말했다.

"어머, 이거 정말 멋지다."

"고마워. 몇 년 전에 꽤 괜찮은 소규모 경매에서 찾아낸 거야. 근데 오늘은 새 이야기나 하자고 와달라고 부탁한 게 아니야."

메리 밀러는 한쪽 눈썹을 찡그려 올렸다.

"그래? 무슨 일 있어?"

보니 키일러는 무거운 목소리로 말했다.

"그게, 로잘리아 일이야."

"아!"

보니 키일러의 조카딸 로잘리아 보해넌은 문제가 많은 아가씨였다. 두 살 때 어머니를 잃은 이후로 유년 시절이 평탄하지 않았다. 최근에는 엇나가기 시작해서 고모인 보니를 걱정시켰다.

보니는 콧날을 꼬집으며 한숨을 내쉬었다.

"애가 전에도 소소하게 물건들을 훔치긴 했지만, 그냥 넘어갔었어. 근데 이번에는 내 다이아몬드 귀걸이야. 여기 놔두었는데 로잘리아가 다녀간 이후로 사라졌지 뭐야. 무슨 말인지 알지?"

"그래, 안타깝지만 짐작이 된다."

"내가 들어왔더니 그 애가 나한테 평소에 잘 짓는 그 도전적인 표정을 짓는 거야. 내가 점심 전에 테이블에 귀걸이를 놔뒀는데, 마침 없어진 게 딱 눈에 띈 거야. 그 애도 내가 알아본 걸 눈치챘고, 그러자 즉시 아주 방어적으로 나왔지. 내가 무슨 말도 꺼내기 전에 말이야."

"그럼 뭐 분명하네."

"어휴, 사실 내 잘못이지. 그 애가 점심 먹으러 와 있는 상황에 그걸 꺼내두지 말았어야 했어. 어떤 앤지 익히 알면서. 걔는 반짝이는 거라면 환장을 해. 다른 물건들은 그냥 내가 포기하거나, 아니면 조용히 그 애 아버지한테 말해서 몇 주 후에 보물 상자에서 꺼내오게 했었지. 하지만 그 귀걸이는 상당히 귀중한 물건이야. 그 애가 팔아서 술이나 사 마시든가 그 비슷한 바보짓을 하게 두지 않겠어. 정말 그 애가 항상 안쓰럽지만, 그래도 내 귀걸이는 돌려받고 싶어."

"조카와 이야기는 해봤고?"

"그럼. 하지만 요즘 젊은 애들이 어떤지 알잖아. 자기가 심하게 상처받은 척 굴더니 주머니를 뒤집어 보이며 나더러 뒤져보라는 거야. 내가 거절하니 보란 듯이 나가버리더라. 그러더니 어제는 방긋거리며 꽃다발을 들고 와선 아무 일도 없었던 것처럼 굴지 뭐야. 단 일 초도 그 애를 혼자 두지 않았어. 뭔가 다른 속셈이 있는 게 확실해 보였거든."

메리 밀러는 생각에 잠겨 방 안을 둘러보았다.

"자기를 수색해보라고 했다면 여기 어디에다가 숨겨두었을 거야. 그런 다음에 아무렇지도 않게 다시 왔던 걸 테고. 어제 이 방에 들어왔었어?"

"아니, 들어오지 않았어."

"그렇다면 네 귀걸이가 어디 있는지 알 것 같아."

귀걸이는 어디에 있을까?
HINT: 햇빛

식물은 늘 태양 쪽을 향해 자란다. 히비스커스는 햇빛을 등지고 반대쪽을 향하고 있었으니, 최근에 움직였다가 잘못 놓은 게 분명했다. 메리 밀러와 보니 키일러가 확인해보니, 귀걸이는 그 화분 아래에 있었다.

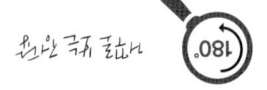

농장 관리인의 죽음
The Late Mr. Early

　찰턴 다운 농장은 시의 공식 경계선 끝자락에 위치했다. 그 이름이 유래한 언덕 위에 자리 잡았으며, 확실하게 전원 분위기가 났다. 중앙 마당에 선 파나키 경감의 귀에는 차 소리 대신 새소리가 들려왔고, 눈앞의 지평선은 고층 건물들이 아니라 숲이 점령하고 있었다. 기분이 상쾌해졌다.

　그러나 안타깝게도 그가 도착한 농장의 관리인 애디슨 얼리는 둔기에 맞아 숨졌다. 점심 식사가 끝난 것은 열두 시 삼십 분, 그리고 시체가 발견된 것은 오후 두 시경이었다. 범죄 현장에선 범인을 한눈에 알아낼 만한 중요 증거는 나오지 않았다.

　직원들은 대부분 아직 소식을 모른 채 농장 주변에서 각자 다양한 작업을 하고 있었기에, 경감은 농장의 요리사 애너벨 버크하

트부터 면담하기로 했다. 버크하트 부인은 사십 대였으며, 때때로 발휘되는 놀라운 완력을 숨기고 있는 땅딸막한 체격이었다.

파나키 경감이 물었다.

"얼리 씨에 대해 들려주실 말씀이 있습니까?"

버크하트 부인이 딱 잘라 말했다.

"돌아가신 분에 대해 나쁜 말은 되도록 안 하겠어요. 그는 지독한 멍청이였고, 뱃사람이라도 민망해할 만큼 입이 걸었죠. 뭐만 잘못되면 일꾼 중 누구 탓으로 돌리고 소리를 질러대기 시작했고요. 뭐든 잘 풀리면 자기 덕이고, 더 잘될 수 있었다나. 그 사람만 빠졌으면 농장이 훨씬 더 효율적으로 굴러갔을 거구먼."

"부인의 자제력에 감사드립니다. 실례지만, 점심 이후엔 뭘 하셨습니까?"

그녀는 못마땅한 듯 경감을 흘겨보았다.

"설거지를 마치고, 유제품 제조실로 가서 계속 치즈를 만들었어요. 그걸 끝내곤 그 양반에게 햄 만들기를 할까 하고 물어보러 갔다가 머리가 깨진 채 쓰러진 걸 발견했죠. 그래서 경찰에 신고했고, 마음을 진정시키려고 진을 마시면서 댁들이 도착하길 기다렸죠. 그리고 여기 이렇게 오셨고요."

"알겠습니다. 오늘 여기에 또 누가 있었습니까?"

"테오, 클레이, 에머리요. 곧 있으면 차를 마시러 올 거예요. 그때 이야기하시면 되겠네요. 애디슨 얼리 씨의 부인은 작년에 도망갔고, 요즘은 북부에 살죠. 물어보시기 전에 미리 말씀드리자면, 나는 아니에요. 유제품 제조실은 저기 입구 옆에 있는 건물이에요. 치즈 제조는 시끄럽지 않고요. 차 오는 소리가 났다면 제가 들었겠죠."

몇 분 후, 농장 일꾼들이 마당에 들어서기 시작했다. 첫 번째는 트랙터 운전사 테오 슐츠로, 비교적 조용하던 농장에 엄청나게 현대적인 트랙터 소리가 귀청이 떨어질 정도로 울려 퍼졌다. 그는 키가 크고 머리숱이 줄어 들어가는 남자로, 두꺼운 파란 작업복에 단순한 깅엄 셔츠를 받쳐 입었고, 위아래 다 시커먼 기름때가 말 그대로 떡칠이 되어 있었다. 그는 농장 관리인의 사망 소식을 무덤덤하게 받아들였다.

"저는 종일 나무 그루터기를 파내고 있었습니다, 경감님. 점심을 먹으러 왔다가 다시 나가서 밭을 갈았죠. 증인이요? 까치 떼들이나 봤을까요."

그러더니 낄낄대고 웃었다.

클레이 크로슨은 테오 슐츠와 비슷한 삼십 대 후반으로 보였다. 구겨진 흰색 리넨 셔츠와 두꺼운 데님 바지 차림으로 옷에 녹색 페인트가 군데군데 튀어 있었지만, 그 외에는 깨끗했다. 농장 관리인이 죽었다고 경감이 말해주자, 그는 잠깐 벙긋 웃었다가 억지로 좀 더 격식 차린 표정을 지었다.

"저는 오후 내내 남쪽 외양간에서 다음 건초가 들어올 자리를 만드느라 건초 더미를 옮기고 있었습니다. 목이 타는 일이죠. 제가 관리인하고 딱히 좋은 사이였다고는 말 못 하겠지만, 누구도 그와 잘 지낸 건 아니니까요. 고양이들도 그 양반을 싫어했는걸요. 누가 다음 관리인이 되든 그보다 나쁠 순 없을 겁니다."

마지막 일꾼 에머리 맥캐먼은 젊고 땅딸막한 남자로 더러운 작업복과 두꺼운 바지, 지저분한 고무장화 차림이었다. 파나키 경감은 관리인이 죽었다고 설명했다.

"아, 그런가요."

에머리 맥캐먼이 말했다. 그는 약간 어리둥절해 보였다.

"소들을 돌보고 있었죠."

살인이 벌어진 시간에 뭘 했는지 행적을 묻자 그는 겨우 그렇게 대답했다. 그의 장화에서 나는 악취로 미루어 보면 그 말은 사실 같았다. 관리인과 잘 지냈느냐는 질문에 대한 대답은 더욱 간결했다.

"아뇨."

에머리 맥캐먼을 먼저 보내고, 파나키 경감은 생각에 잠겨 마당을 두어 바퀴 서성였다. 그러다가 네 사람이 모여 있는 부엌으로 향했고, 다들 고개를 돌려 그를 쳐다보았다.

"여러분 중에 한 사람은 거짓말을 했습니다, 그리고 살인자일 가능성이 크고요. 지금 당장 깔끔하게 나서는 게 훨씬 나을 겁니다. 이게 마지막 경고예요."

누가 거짓말을 하고 있을까?
HINT: 작업

클레이 크로슨은 건초 더미를 옮기고 있었다고 주장했지만, 옷이 깨끗했다. 그의 말이 사실이라면 옷을 아무리 털어냈더라도 여기저기 지푸라기가 묻어 있어야 했다. 다른 남자들은 옷을 갈아입지 않고 부엌으로 오는 게 습관임이 분명한데, 왜 클레이 크로슨만 말끔할까?

실수를 깨달은 그는 순순히 자백했다. 클레이 크로슨은 계속 괴롭힘을 당하다 못해 발끈해서 관리인을 죽였다. 그러고는 여분의 옷으로 갈아입고 피 묻은 옷을 자루에 던져 넣은 다음, 외양간으로 다시 가 불안해하고 있었다.

냉동 창고 살인사건
The Ice Room Murder

〈크로니클〉지에서 가장 유능한 조사 전문 기자 하워드 필립스가 월요일 아침에 죽은 채로 발견되었다. 조시 콜은 라이벌이자 동료인 그의 죽음에 슬프면서도 동시에 충격을 받았고 사건에 호기심이 동했다. 범죄 세계에선 꼭 필요한 상황이 아닌 이상, 신문사 사람을 죽이지 않는 것이 일반적인 규칙이었다.

조시는 편집장이 지시를 내리기 전부터 사건에 파고들었다. 가장 먼저 전화를 건 곳은 경찰 내부의 지인 피트였다.

"안녕, 피트. 나 조시야."

"맞혀볼게. 필립스 건이지?"

"그래."

피트는 한숨을 쉬었다.

"마피아가 분명해. 공식적으로는 베니 루카스의 세 살 먹은 조카딸의 소유로 되어 있는 생선 처리 공장에서 살해당했어. 부둣가 창고들의 유난히 낮은 관리 기준을 고려하더라도 정말 황량한 쓰레기장 같은 곳이지. 놈들이 하워드 필립스의 가슴과 머리를 쏘고, 냉동 창고에 두고 가버려서 사망 시간을 추정할 방법이 없어. 어림잡아 보자면 주말 연휴를 앞두고 문을 닫은 목요일 오후 이후, 그리고 다시 문을 연 월요일 아침 이전 사이겠지. 일주일 동안 그와 직접 만난 사람이 아무도 없어. 사망 시간이 없으면 제대로 수사를 시작할 수조차 없지."

"그래서 오늘 이렇게 서둘러 자발적으로 나왔던 거군?"

"그래. 혹시 뭔가 알아내면 좀 알려줘. 조만간 하워드 필립스가 지내던 여관을 찾아내긴 하겠지만, 그의 행적 조사가 오래 걸릴수록 사건 해결이 더 어려워지거든."

크로니클 신문사에서 일하는 하워드 필립스의 동료들 역시 적극적이었다. 집안에 살인사건이 나면 라이벌 의식 따위는 젖혀두게 마련이다. 시청과 주요 스포츠 담당 민완기자인 번 핸들리 역시 마찬가지였다.

"불쌍한 하워드. 조만간에 이런 일이 벌어질 줄 알았어. 그 친구, 아주 불도그였거든. 기삿거리를 물었다 하면 무슨 일이 있어도 놓아주질 않았지. 누가 다치든 간에 진실을 무슨 경전처럼 여겼으니까. 요 몇 주 사이 들떠 있었지만, 물론 무슨 건인지는 말을 안 했어. 기사 쓸 때까진 입을 여는 법이 없었지. 쉽게 호감 가는 사람은 아니지만 정말 존경했는데."

　도밍고 크루지아스는 경제와 금융 담당 기자였다. 평소 숙련된 미소로 무장한 말끔한 남자인 그가 조시에게 말했다.

　"하워드하곤 친구였지. 진짜로 말이야. 같이 경기 관람도 가고. 이 도시를 바꿔놓을 건을 조사 중이라고 하더군. 나는 그만두라고 말렸어. 내 정보원들이 뭔가 일이 생길 것 같다는 이야기를 들려줘서, 난 개꿈까지 꿨다니까. 그 친구가 살해당한 게 놀랍진 않지만, 슬프군. 지난 일요일에 마지막으로 봤지. 어제 말고, 팔 일 전에. 몇 명이 맥주를 마셨어. 하워드는 이런저런 힌트를 흘리며 한두 주 동안 잠적한 후에 큰 걸 터트리겠다고 했어. 젠장!"

　국제 뉴스 담당 기자 샘 모이스는 이십 대의 껑충 키가 큰 청년이

었다.

"하워드 일은 참 마음이 안 좋네요. 제가 그 건을 알려준 장본인이거든요. 이럴 줄 알았더라면…… 카라카스의 아는 사람에게서 생선으로 위장한 불법 선적물에 대한 이야기를 들었어요. 하워드가 저더러 혹시 밀수 건이 귀에 들어오면 알려달라고 해서 귀띔해줬죠. 그게 일주일 전이네요. 하워드는 죽었고요. 제가 입만 다물었더라면 이런 일은 없었을 텐데. 그래서 어제는 하워드를 기리며 초에 불을 붙였어요. 좋은 사람이었고, 훌륭한 언론인이었죠. 진실의 중요성에 대한 믿음과 바위처럼 단단한 양심을 지녔고. 그런 분들이 더 있어야 하는데."

센티널 신문 보도실로 돌아오자마자, 조시는 경찰서에 있는 피트에게 전화를 해 말했다.

"놀랄 만한 소식이 있어."

"뭔데? 하워드 필립스에 대해 뭔가 알아냈어?"

"난 모르지만, 알고 있을 만한 사람을 알아냈지."

조시 콜이 관련자라고 의심하는 사람은 누구일까?
HINT: 상황 파악

샘 모이스는 자신이 귀띔해준 사건으로 하워드 필립스가 죽게 된 것에 죄책감을 갖고 있었다. 그런데 하워드 필립스의 시신은 그날 아침에 발견됐는데 샘 모이스는 죄책감에 전날 밤 하워드 필립스를 기리며 초에 불을 밝혔다고 했으니, 하워드 필립스가 죽었다는 것을 이미 알고 있었음이 틀림없다.

집중 신문 끝에 샘 모이스는 마피아에게서 돈을 받는 대신 불쾌한 이야기에 대해선 입을 다물어왔고, 가짜 정보를 동료에게 전달하는 조건으로 거액을 챙겼음을 자백했다. 그는 살인이 금요일 밤에 벌어졌음을 확인해주었고, 얼마 안 되어 하워드 필립스의 살인범이 밝혀져 체포되었다.

16

오버튼 저택의 비밀
The Overton House

레지나 어윈은 걱정이 가득했다.

"뭔가 이상해, 메리."

그녀는 메리 밀러의 삼색 고양이 오브리를 잠시 토닥였고, 고양이는 레지나 어윈의 무릎 위로 펄쩍 뛰어올라 위로하듯이 팔에 머리를 문질렀다.

메리 밀러는 걱정하는 친구에게 말했다.

"솔직히 나는 너만큼 오버튼 부부를 잘 모르지만, 이사란 게 원래 굉장히 피곤한 일이잖아. 루실이 그냥 이사 준비에 정신이 팔려 깜박했을 가능성은 없을까?"

레지나 어윈이 딱 잘라 말했다.

"없어. 마빈이 말하길, 루실이 이삿짐을 갖고 올 일꾼들보다 먼저 가서 있으려고 황급히 기차를 타고 살리스턴으로 떠났대. 루실은 여태껏 한 번도 뭐든 황급히 부랴부랴 해본 적이 없어. 게다가 우린 하루에 최소한 한 번, 가끔은 두 번도 만나는 사이였거든. 그런데 나한테 인사도 안 하고 갔을 리가 없잖아."

"마빈하고 이야기는 해본 거지?"

"그럼. 마빈은 모든 일이 순조롭다며 나더러 루실과 헤어지게 되어서 과하게 스트레스를 받은 것 같다고 하더라. 네가 그 사람과 이야기를 좀 해볼래? 혹시 무슨 일이 있는 거라면 네가 알아낼 수 있을 테니까."

"알았어, 내가 가볼게."

메리 밀러는 내심 한숨이 나오려는 걸 감추려고 미소 지으며 말했다.

오버튼 부부의 집은 시내에서 조금 떨어진 한적하고 녹음이 우거진 지역에 자리 잡은, 정원이 넓고 근사한 방이 네 개 있는 저택이었다. 메리 밀러는 벨을 눌렀다. 발소리가 다가오고, 마빈 오버튼이 문을 열었는데 한 손에 망치가 들려 있었다. 그의 뒤로 보이는 집 내부는 가구 하나 없이 텅 빈 채였다.

"밀러 양! 웬일이십니까?"

"안녕하세요, 오버튼 씨. 마침 계실 때 와서 다행이네요. 떠나기 전에 잘 가라고 인사하고 싶어서 왔어요."

"아슬아슬하게 오셨네요. 새 집주인이 오후에 온다고 해서 기다리는 중입니다. 그 사람들에게 열쇠를 넘기고 가야죠. 들어오시라고 말씀을 드려야겠지만⋯⋯."

메리 밀러는 마빈 오버튼의 말이 끝나기도 전에 그를 지나쳐 안으로 들어섰다.

"친절하시네요. 제일 기본적인 상태의 집 구경은 늘 재미있어요, 그렇죠? 화장을 안 한 젊고 사랑스러운 아가씨 같다고나 할까요?"

메리 밀러는 거실로 설렁설렁 들어섰다. 그곳 역시 거의 텅 비어 있었다. 아무것도 깔리지 않은 나무 바닥, 단순한 오프화이트 색깔의 벽, 비어 있는 조명 장치. 벽난로 위에는 작은 거울이 중앙에서 약간 비스듬히 걸려 있어 그나마 눈 둘 곳이 되어주었다.

마빈 오버튼은 메리 밀러의 시선을 알아채고 수줍게 망치를 내저었다.

"오래된 그을음 자국이 있어서요. 새로 들어오는 사람들에게 좀 더 좋게 보이려고요."

메리 밀러가 가볍게 물었다.

"잘하셨네요. 루실은 집에 있나요?"

"안타깝지만 없습니다. 어젯밤에 기차로 먼저 출발했어요. 짐이 들어올 때 맞이하고 싶다고요. 루실이 어떤지 아시잖아요. 만사가 딱 맞아떨어져야 하는 사람이죠."

"알고말고요. 이사는 잘 되어가고요?"

"아, 뭐 짐작하시겠지만 엉망진창이죠. 서류 처리는 한없이 오래 걸리고요. 짐은 다 싸서 상자에 넣었고 벽은 말끔해 보이려고 하얗게 칠했죠. 그래서 이틀 정도는 그랜드 호텔에서 보내야 했어요. 나름 잘 덮어놨는데도 인테리어 업자가 제 지구본을 망가트렸어요. 그다음엔 짐 내가는 사람들이 메뚜기 떼처럼 우왕좌왕 집안을 돌아다녔죠. 책상 하나의 상태가 아주 걱정될 정도고, 아무래도 샴페인 잔은 그 사람들이 깨뜨린 게 분명해요. 그저 얼른 다 끝내면 좋겠습니다."

"그러시겠죠. 루실이 작별인사도 못 하고 가서 레지나 어윈이 마음이 많이 상한 것 같더라고요. 편지라도 보내주면 풀리겠죠."

"네, 둘은 아주 사이가 돈독하니까요. 하지만 이런 난리 통이니 포기해야 하는 일도 있는 법이죠. 아시겠지만 가끔 사람이 좀 안

달복달해요, 레지나 어윈 양 말입니다."

"약간 과하게 몰입할 때가 있죠. 아, 하실 일도 많을 테니 저는 이만 가봐야겠네요. 새 집에서 잘 지내시고요."

레지나 어윈은 조금 떨어진 작은 공원에서 소식을 기다리고 있었다. 메리 밀러는 친구가 앉은 옆 벤치에 앉았다. 레지나 어윈이 다그쳐 물었다.

"어땠어?"

"네 말이 맞았어. 그 남자, 뻔한 거짓말을 하고 있어."

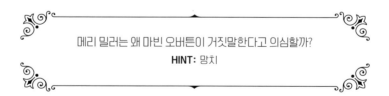

메리 밀러는 왜 마빈 오버튼이 거짓말한다고 의심할까?
HINT: 망치

왜 마빈 오버튼은 새 입주자에게 집을 넘기기 바로 몇 시간 전에 벽에 뭘 걸어놓았을까? 아무리 봐도 이상한 일이다. 그는 오래된 그을음을 덮느라 그랬다고 주장했지만, 벽은 바로 며칠 전에 말끔히 새로 칠한 상태였다.

메리 밀러의 지원을 받아, 레지나 어윈은 경찰을 설득하여 그 집에 경관을 보낼 수 있었다. 경관은 거울 뒤에서 덜 마른 석회 부분을 발견했고, 조사 결과 총알구멍으로 밝혀졌다. 도주할 길이 막히자, 마빈 오버튼은 결국 전날 부부 싸움 끝에 아내를 총으로 쏘아 죽였다고 자백했다. 그녀의 시신은 정원의 화단에 묻혀 있었다.

머리를 관통한 총알
Bullet To The Brain

루이 로저스의 유서는 결연했다.

이런 쓰레기가 되고 싶었던 적은 없었다. 나는 상처 입은 참전군인과 불쌍한 노부인들에게 겁을 잔뜩 주어 생활비를 탐욕스런 은행에 넘기게 유도해오며 살았다. 진짜로 생활 안전망이 필요한 사람들에게는 돈을 내주지 않는 그런 거대 은행에. 이제는 그게 좋은 일이 아니었음을 알겠다. 더는 그러지 못하겠다. 이렇게는 살 수 없다. 어쩌면 세상엔 내가 없는 쪽이 더 나을 것이다.

이젠 확실히 평온해 보인다고 파나키 경감은 생각했다. 물론 뒤통수의 총상을 제외하면 말이다. 루이 로저스는 사무실의 의자에 뒤로 기댄 채, 손은 가슴 위에 모은 상태로 죽어 있었다. 유서와 자살에 쓰였음이 분명한 권총은 책상 위에 있었다. 서류 더미가 책상 한쪽에 정돈되어 쌓여 있었고, 두꺼운 장부 두 권이 다른 한쪽에 놓여 있었다.

로저스의 비서 헬렌 더간은 앞쪽 사무실에 있었다. 화장은 눈물로 얼룩지고, 상태가 좋지 않았다. 그녀는 경감이 들어서는 것을 올빼미 같은 눈길로 빤히 보며 떨리는 목소리로 반복했다.

"제가 발견했어요. 제가 그분을 발견했어요. 제가 발견했어요."

파나키 경감은 부드럽게 말했다.

"더간 양."

그녀는 흠칫 놀랐다.

"오늘 무슨 일이 있었는지 말해줄 수 있을까요?"

"저는 점심 먹으러 나갔어요. 사장님에게 정말 누군가 필요한 상황이었는데, 제가 여기에 없었네요. 옆 사무실에서 근무하는 로베르타를 불러내서 같이 나가서 샌드위치하고 커피를 마셨죠."

"법률사무소를 운영하는 브루스 스탠튼의 비서 로베르타 발렌타인 말입니까?"

"네. 경비원 제리가 점심 먹으러 저희가 나가는 걸 봤죠. 저는 치즈와 토마토 샌드위치를 먹었고요. 그렇게 맛있진 않았어요. 원래 그렇잖아요, 아시죠? 로베르타는 계란 샐러드를 먹었고요. 맛있었던 것 같아요. 로베르타는 자기 상사가 얼마나 교활한지, 늘 중범죄자 건만 맡는다는 이야기를 했죠. 매번 껄끄러운 사건뿐이라 그 친구는 눈살을 찌푸리는데, 상사는 의뢰인이 받아 마땅한 정의의 심판을 피할 수 있도록 최선을 다해 돕지요. 사실 그게 참 기운 빠지는 일이에요. 하지만 저희 쪽 일도 크게 나을 건 없죠. 제게 잘해주시긴 하지만, 소시민들에게서 푼돈 터는 일을 하니까요. 마피아나 마찬가지지만 다 합법적이라고 하네요. 신세 망친 불쌍하고 비극적인 사람들이 바닥까지는 떨어지지 않으려는 절박함에 여기로 오는데 사장님도 한때는 그런 사람이었다가 기를 쓰고 올라왔기 때문에 전혀 동정심이 없어요. 다시 그 사람들처럼 몰락할까 봐 무서워서 그들에게서 돈을 쥐어 짜낼 수 있다면 뭐든 하려 들었죠."

헬렌 더간은 떨리는 한숨을 내쉬었고 경감은 그 틈을 타서 물었다.

"점심 식사 후는 어땠습니까, 더간 양?"

"우리가 돌아왔을 때 제리는 졸고 있었어요. 보통 점심때는 그러곤 하죠. 그래서 조용히 올라갔어요. 제리는 경비원으로선 허술하지만 좋은 사람이에요. 사무실에 들어서자마자 무슨 냄새가 나더라고요. 생각이 딱 멈춰지고, 저절로 사장님의 사무실로 발길이 향했어요. 거기 있더라고요. 세상에, 그분이 돌아가신 건 제 탓이에요. 제가 여기에 같이 있었어야 했는데……."

"오히려 그 반대죠. 여기에 있었다면 당신도 아마 살해당했을 겁니다."

파나키 경감은 유서를 보고도 왜 살인사건이라고 생각할까?
HINT: 가슴

만약 루이 로저스가 입에 총구를 넣어 쏘아 자살했다면, 어떻게 권총을 책상 위에 내려놓고 양손을 가슴 위에 포갰을까? 허술하게 자살로 꾸민 살인사건이 분명하다.

살인자는 결국 자기 아버지가 루이 로저스로 인해 경제적으로 파멸하여 그전 주에 자살한 것을 복수로 갚은 아들로 밝혀졌다.

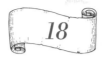

18

눈부신 피튜니아
The Resplendent Petunia

원예보다는 조류 관찰 쪽에 관심이 더 많기는 했지만, 메리 밀러는 종종 화훼 경연대회의 심사위원직을 맡곤 했다. 매번 그녀는 주최자인 친구 메이시에게 자신은 정말로 부적당하다고 설득하려 애썼지만, 거의 매년 메이시는 메리 밀러가 색깔과 특성을 알아보는 눈이 예리해서 적격이라고 대답했다. 올해로 네 번째, 심사위원이 절실히 필요하다고 친구가 호소하는 바람에 메리 밀러는 다시금 마지못해 승낙했다.

시상식 후, 메리 밀러는 곧장 다과가 놓인 곳으로 가서 그럭저럭 마실 만한 차 한 주전자와 빅토리아 스펀지케이크 한 조각을 놓고 앉았다. 막 한숨 돌리려는 찰나, 키가 크고 가무잡잡한 남자가 다가와 자기소개를 했다.

"불쑥 인사드려 죄송합니다, 밀러 여사님."

그는 호감을 산다고 여기는 것이 분명한 미소를 띠며 말했다.

"제 이름은 캐스퍼 그리피스입니다. 경연 중 여사님의 안목에 무척 감탄했습니다. 잠깐 시간을 내주실 수 있을까요?"

메리 밀러는 거절할까 고민했지만, 친구 메이시의 서운해하는 표정이 머릿속에 선명하게 그려졌다. 그녀는 한숨을 내쉬었다.

"그래요, 그리피스 씨. 뭘 도와드리면 될까요?"

"피튜니아에 대해 얼마나 잘 아십니까?"

"칠리 고추, 토마토, 감자, 담배와 마찬가지로 가짓과에 속하죠. 제법 튼튼한 한해살이 식물이고, 대부분 분홍색과 보라색 꽃이 피지요."

"정말 훌륭하십니다! 자연산 밝은 에메랄드색 피튜니아는 성배와도 같다는 것도 아마 아시겠지요? 제가 그 불가능한 일을 해냈습니다. 그걸 발견했어요!"

"그래요?"

"브라질과 우루과이 사이 국경 위험지대의 아주 좁은 지역에서만 자랍니다. 이 지역은 폭력적이고 사나운 식인종들이 사는 곳이기 때문에 접근하기가 몹시 어려워요. 그 야만인들에게 길 안내자와 동료를 잃었답니다. 둘 다 좋은 친구였는데. 저는 씨앗 모음을 가지고 간신히 도망칠 수 있었죠. 같은 무게의 다이아몬드보다 열 배는 값진 물건입니다."

"어, 물론……."

메리 밀러의 말을 그가 잘랐다.

"저는 원예가는 아닙니다. 단도직입적으로 말해, 성실하고 실행력이 뛰어난 사람이죠. 이런 일을 잘 아는 제 친구 벤은 브라질 산기슭 자락에 묻혀 있어요. 그 친구의 시신을 고국으로 데려오기 위해, 좀 더 무장을 잘 갖추고 두 번째 탐험에 나설 자금을 모금하고 싶습니다. 그래서 이 씨앗을 여사님 같은 분에게, 정직한 전문가에게 팔고자 합니다."

"제가 무슨 전문가라고⋯⋯."

캐스퍼 그리피스가 다시 메리 밀러의 말을 잘랐다.

"너무 겸손하시군요. 이 씨앗의 가치는 헤아릴 수가 없습니다. 벤이 제게 설명해주기를, 씨앗을 심어 꽃을 피워내면 한 포기 한

포기가 몇 년간 든든한 소득원이 된다고 하더군요. 이 씨앗을 사두시면 여사님은 말 그대로 모든 원예가의 부러움을 한몸에 받으실 겁니다. 초기 투자로 한재산 벌어들이실 거고요. 그 지역의 식인종들은 이 식물을 성스럽게 여기죠. 에메랄드색 꽃을 그들이 믿는 뱀신의 녹색 피라고 한답니다. 그자들이 산에서부터 정글까지 며칠씩이나 우릴 추적해왔습니다. 아주 아슬아슬하게, 그리고 제 재주 덕분에 그럭저럭 무사히 도망칠 수 있었지요. 이 꽃이 어디 있는지 백인 중에는 저만 알고 있지만 저는 이제 질렸습니다. 그저 벤의 유해를 교회 묘지에 안치하여 미망인과 딸이 마지막 인사를 할 수 있게 해주고 싶을 뿐이죠. 이해하시리라 믿습니다."

"그럼요. 도와드리고 싶군요. 여기서 기다리세요. 가서 지갑을 챙겨올게요."

캐스퍼 그리피스를 테이블에 남겨두고, 메리 밀러는 메이시를 찾으러 갔다. 친구와 함께 있던 주교에게 양해를 구한 후, 그녀는 친구를 얼른 옆으로 끌어내 말했다.

"메이시, 여기 대회장에 혹시 경찰이 있을까? 경비원도 괜찮아. 어떤 끔찍한 멍청이가 나한테 사기를 치려 드네."

메리 밀러는 왜 캐스퍼 그리피스가 사기꾼이라고 단정 지을까?

HINT: 분류

피튜니아는 메리 밀러가 설명했듯이 한해살이 식물이다. 한해살이 식물은 딱 일 년만 살기에, 한 포기가 몇 년간 든든한 소득원이 될 리가 없다. 설령 아마추어라 해도 제대로 된 원예가라면 그런 사기를 칠 리 없다.

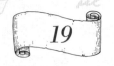

19

피로 쓴 이름
The Bloody Name

스위트워터 그린 법률사무소 건물에 도착했을 때, 조시 콜은 〈크로니클〉지의 로렌스 애디슨이 막 나오는 것을 발견했다. 로렌스 애디슨은 짓궂게 씩 웃으며 조시가 방금 내린 택시로 달려갔다.

조시는 이를 갈고 싶은 심정을 꾹꾹 누르며 건물에 들어섰다. 고단해 보이는 인상의 데스크 직원이 묻지도 않고 방문자 명찰을 내주었다. 경찰과 언론 때문에 정신없는 오후였을 것이다.

사층에 올라가 보니 법률사무소가 꽤 어수선했다. 조시는 방문자 명찰을 뒤집어 걸고 아무도 안 보는 사이에 개인 접객실로 슬쩍 들어섰다. 공식 성명에 따르면, 스위트워터 그린의 대표 버를 터크가 본인 사무실에서 살해된 채 발견되었다고 했다. 그의 파트너 루시어스 레이가 동료의 죽음이 충격적이며 끔찍한 일이라는 간단한 성명을 냈다. 버를 터크가 벽에다가 피로 이름을 써놨다는 소문이 거기에 더해졌다.

충격을 받았음이 역력해 보이는 젊은 남자가 노트를 꼭 붙들고 접객실 소파에 앉아 있었다. 조시는 성큼성큼 걸어가 미소 지으며 그 옆에 앉았다.

"괜찮으십니까?"

남자는 조시 콜을 쳐다보았다.

"모르겠어요. 다 잘못된 것 같아요. 그런데, 누구시죠?"

"친구죠. 제 이름은 조시입니다."

"아, 제 이야기 좀 들어봐 주시겠어요, 조시?"

"그럼요. 저한테 쭉 이야기해주시죠. 같이 궁리해봅시다."

남자는 한숨을 쉬었다.

"휴, 좋습니다. 아침은 조용했어요. 처리할 서류가 많았고요. 터크 씨는 파트너인 루시어스 레이 씨와 아홉 시에 회의가 있었어요. 두 분 다 표정이 좋지 않았지만, 터크 씨가 제게 큰 일이 아니라고, 그냥 레이 씨에게 문제가 좀 생겼을 뿐이라고 안심시키셨죠. 그런 다음 저는 한동안 사건 서류 업무를 했어요."

남자의 눈이 멍해지더니, 한참 동안 말이 없었다. 조시는 위로 하듯 그의 어깨를 토닥였다. 그러자 남자가 정신을 차렸다.

"열두 시에 새 고객이 레이 씨를 찾아왔습니다. 레이 씨는 바쁘셔서 신상정보를 받아 적고 터그 씨 사무실로 안내한 다음, 저는 다시 서류 정리를 했어요. 저는 점심시간이 지나고서 서류 정리를 마쳤고, 그때 퍼스트 애그리컬처 사의 윈터 씨가 오셨지요. 터크 씨는 손님을 기다리게 하는 걸 싫어하시기에 제가 알려드리러 사무실로 들어갔습니다. 그런데 창백하고 차갑게 식은 채로 벽에 기대어 있었어요. 미동조차 없었죠. 온통…… 피투성이였어요, 엄청나게. 그리고 그분 옆에 이름이 쓰여 있었어요. 손가락 끝은 피로 물들어 있었고요……."

남자는 말끝을 흐렸다.

"그렇다면 버를 터그 씨가 쓴 거군요."

"왜 그러셨을까요? 왜 본인 이름을 썼을까요? 그분이 누군지 당연히 알죠. 제가 잊으리라 생각하셨을까요?"

조시는 최대한 달래는 어조로 말했다.

"분명 그건 아닐 겁니다. 그다음은 어떻게 되었죠?"

"도와달라고 소리를 질렀죠, 물론. 그것 말고 무엇을 할 수 있었겠어요?"

조시는 남자의 직원 명찰을 흘끗 보았다.

"그렇군요, 잰. 그게 옳은 일이죠."

"그다음에 경찰이 왔어요. 질문만 해대더군요. 아직도 모르겠어요. 아까 도와주겠다고 하셨죠?"

"어, 제 생각엔…… 혹시 그분의 서명 같은 게 아닐까요? 인생에 남기는. 서류에다 서명하는 식으로 말이죠. 그런 일을 많이 하셨을 테니까요, 그렇죠?"

"물론이죠."

"그럼 이제 됐네요. 그분의 서명인 겁니다. 삶을 마무리 짓는."

"그거, 말은 되네요."

그러나 잰은 미심쩍어하는 듯했다. 조시가 말했다.

"제가 도와드리겠다고 했죠, 그 노트 좀 봐도 될까요?"

"네, 괜찮겠죠."

남자는 노트를 조시에게 넘겼다.

조시는 앞장을 훑어보았다. 그날의 비서 업무에 관한 메모였다.

"경찰한테 이걸 보여주셨겠죠?"

잰이 당황한 얼굴로 조시를 쳐다보았다.

"경찰이 아니세요?"

조시는 얼른 대답했다.

"네, 형사는 아닙니다."

"아, 그렇군요. 네, 경찰한테 보여줬지요."

"잘하셨어요."

조시는 첫 장을 찢고서 놀란 젊은이에게 노트를 돌려주었다.

"고맙습니다."

소파 맞은편 프런트 데스크에 전화가 놓여 있었다. 조시는 거기로 달려가 편집장에게 전화를 걸었다.

"버를 터크 씨의 시신 옆 벽에 이름이 쓰여 있습니다, 편집장님. 본인 이름이요. 전 그 이유를 알 것 같아요. 절대 서명은 아닙니다."

조시 콜은 왜 그렇게 생각하는 걸까?

HINT: 신원

버를 터크는 원래 의도한 피해자가 아니었다. 사무실에 왔던 새 의뢰인의 목적은 루시어스 레이를 죽이는 것이었다. 루시어스 레이가 진행하는 사건을 종결시켜야만 하는 폭력조직 두목이 보낸 자였다.

불행히도, 청부 살인자는 자기가 안내받은 변호사가 다른 사람인 줄 몰랐고, 버를 터크가 대신 면담을 맡았을 때 청부 살인자는 그를 죽이고 상황을 혼란스럽게 할 목적으로 피해자의 파트너(범인의 착각이지만)에게 누명을 씌우기 위해 그 이름을 피로 써놓은 것이다.

조시는 그 정보를 경찰 연락책에게 전했고, 비서 업무 메모에 적힌 의뢰인의 이름을 가명으로 여러 번 써왔던 청부 살인업자가 결국 검거되었다.

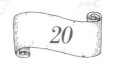

불탄 집
Fire In The House

파나키 경감은 화재로 지붕이 사라진 집의 잔해 가운데에 섰다. 하루 전만 해도 아담하지만 근사한 주택이었는데 이제는 그저 철거를 기다리는 폐허일 뿐이었다. 뭔가 건지려는 시도는 헛수고일 게 뻔했다. 크고 흉측한 꽃병이 웬일로 깨지지 않고 살아남았고(비록 칠해진 유약은 엉망으로 갈라졌지만), 요란스럽게 화사한 거실 카펫은 엎드린 여자 모양으로 타지 않은 부분이 남아 있어 화재 피해자 주얼 프랜시스가 누워 있던 위치를 정확히 알려주었다.

피해자의 남편 톰 프랜시스는 연기를 약간 흡입하여 치료를 위해 그날 밤 병원에 입원했다. 파나키 경감은 이 집에 오기 전에 병원에서 남편이 음울한 표정으로 상황 묘사하는 것을 들었다.

"아내가 세상을 떠났다니 믿어지지 않습니다. 너무 바보 같고,

한편으론 정말 아내다운 일이었죠. 기침하느라 잠에서 깨어나 보
니 연기 냄새가 나는 겁니다. 새벽 한 시였을 거예요. 아내 주얼
은 아직 잠들어 있었는데, 제가 침대에서 끌어내어 급히 아래층으
로 데리고 내려갔죠. 부엌과 거실은 이미 활활 타고 있었지만, 그
럭저럭 무사히 복도를 통과할 수 있었습니다. 그러다가 우리 고양
이 도티 생각이 난 겁니다. 주얼이 갑자기 소리를 지르곤 도망쳐
나오다 말고 허겁지겁 뒤돌아 달려 들어가더군요. 막으려 했지만,
워낙 빨랐어요. 아내더러 돌아오라고 소리를 질렀죠. 그러다가 문
이 무너져 내렸어요. 저 역시도 그것 말고는 별로 기억나는 게 없
군요."

타버린 집에서 나온 경감은 이웃집 주민을 보고 이야기하러 다가갔다.

"맥컬리 씨입니까?"

"네, 맞습니다."

"파나키 경감입니다. 프랜시스 씨를 발견하고 소방서에 신고하셨다지요?"

"네, 밤에 잠을 잘 자지 못하거든요. 깜박이는 불빛을 보고 일어나서 밖을 내다봤지요. 톰의 집이 불타서 무너져가고 있더군요. 소방서에 전화한 다음 혹시 도울 일이 있을까 하고 밖으로 나갔습니다. 톰은 검댕투성이가 되어 인도에 있었습니다. 멍한 모습이더군요. 부인은 어찌 되었냐고 물으니 그저 고개만 젓습디다. 소방관들이 왔을 때 저 안에 사람이 있는 것 같다고 말했지만, 그땐 이미 뭐 어떻게 조치할 방도가 없었어요. 소방관들이 톰을 집에서 멀리 끌어내고 진화 작업을 했습니다. 구급차가 톰을 실어가는 걸 봤어요. 다행이죠, 숨소리가 영 좋지 않더라고요."

"혹시 그 부부가 키우는 애완동물이 있었는지 아십니까?"

"고양이가 있었죠, 아마. 가끔 정원에 나와 있는 걸 보곤 했습니다. 살펴보도록 할게요."

남편을 제외하곤, 주얼 프랜시스를 생전에 마지막으로 본 사람은 친구 룰루 커크였다. 그녀는 바로 몇 블록 떨어진 곳에 살았으므로, 파나키 경감은 터벅터벅 그쪽으로 걸어갔다. 문을 열어준 룰루 커크는 울고 있었던 것 같았다.

경감은 자기소개를 하고, 그녀를 따라 부엌으로 들어갔다.

"경감님, 주얼은 좋은 사람이었어요. 행복했죠. 주얼과 톰은 늘 사이좋게 잘 지냈고요. 어쩌면 톰이 약간 일을 많이 했는지도 모르지만, 제 경험에 비춰보면 대부분의 남자가 다 그렇잖아요. 우린 잼을 만들기도 하고, 다음 주 외출 계획을 이야기하거나, 주얼과 톰이 종종 우리 집에 저녁을 먹으러 왔지요. 어떻게 주얼이 죽었는데 아무 일도 없었던 것처럼 저렇게 햇살이 화창할 수가 있을까요?"

"프랜시스 씨에 대하여 해주실 말씀이 있을까요?"

"톰이요? 좋은 사람이에요. 예의 바르고, 매너 있고, 와인을 잘 마시죠. 피곤하면 좀 투덜거리기도 하고, 창고에서 기계 만지기를 좋아하고요. 어휴, 모르겠어요. 그냥 보통이에요. 요 몇 달 사이 더 싱글거리긴 했지만, 원래도 우울해하는 타입은 아니었죠."

"시간 내주셔서 고맙습니다."

경감은 인사를 하고 서로 돌아와 설리번 경관을 불러들였다.

"프랜시스 집 화재는 거의 틀림없이 살인이야, 사고가 아니라."

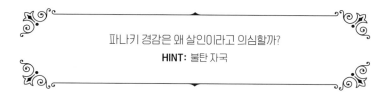

파나키 경감은 왜 살인이라고 의심할까?
HINT: 불탄 자국

톰 프랜시스는 그와 아내 주얼 프랜시스가 불길에서 탈출한 후, 아내가 도로 집 안으로 뛰어 들어갔고, 불타는 거실로 돌아가서 그곳에서 쓰러져 죽은 것으로 이야기했다. 하지만 시신 아래의 카펫은 깨끗했고, 불타거나 재가 묻지 않았다. 이는 주얼이 거실에 불이 붙기 전부터 그곳에 쓰러져 있었음을 강력히 시사한다.

검시 결과 주얼의 폐에는 연기나 재 파편이 전혀 없음이 밝혀져 화재 전에 죽은 것이 확실해졌다. 이 사실을 들이대자, 톰은 아내가 자는 사이에 질식시켜 죽였음을 자백했다. 그는 이미 다른 여자와 깊이 사랑에 빠져 있었다. 스캔들을 감내하기보다는 화재로 인한 아내의 비극적인 사망을 계획하여 결혼 관계에서 벗어나고자 마음먹었던 것이다.

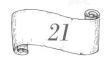

식탁에서의 죽음
Death At The Table

현장을 둘러보니, 캐서린 메이스는 커피 머그잔과 로맨스 소설을 들고 부엌에 앉아 있었던 듯했다. 살인자는 뒷문으로 들어와 그녀의 목을 조른 모양이었다. 파나키 경감은 시체가 실려 나가기 전에 잠시 훑어보았으나 다른 공격이나 저항의 흔적은 발견하지 못했다.

뒷문을 나가면 작고 깔끔한 정원이 나왔는데 그 끝에는 뒤쪽 골목으로 연결되는 문이 있었다. 울타리에 골목 대부분이 가려졌고, 경감이 볼 땐 인적이 없어 보였다. 만약 저 뒤쪽으로 누군가 지나간 흔적이 있다면, 설리번 경관이 찾아냈을 것이다.

죽은 여자의 남편 엘리 메이스는 부엌 식탁에 축 늘어져 앉아 있었다. 그는 오프화이트 색의 스웨터와 먼지 묻은 황갈색 바지 차림이었고, 관계자들이 비켜달라고 할 때까지 아내의 시체가 있던 옆쪽 바닥에 앉아 있었다. 엘리 메이스는 비참한 표정으로 허공을 응시한 채였다.

파나키 경감은 의자를 끌어다가 식탁 앞에 앉았다.

"오늘 있었던 일을 모두 이야기해주시겠습니까, 메이스 씨?"

엘리 메이스는 손에 떨구고 있던 눈길을 들어 경감을 바라보았다.

"네? 아, 물론이죠. 우리는 일요일에 늘 그렇듯이 여덟 시 반에 일어나서 교회 가기 전에 아침을 먹었습니다. 돌아왔을 땐 열 시가 조금 넘어 있었죠. 캐서린이 현관 포치에 페인트칠을 새로 하라고 잔소리를 해대서, 헛간에서 장비를 챙겨다가 로열블루 색을 섞어 밑칠을 시작했죠. 밑칠을 반쯤 마쳤을 때 뭘 좀 마셔야겠다 싶어서 여기로 들어왔습니다."

파나키 경감은 고개를 끄덕였다. 현관 포치 난간 페인트가 덜 말라 있었다.

"그때 캐서린을 발견했어요. 아마 정오쯤이었을 겁니다. 뒷문이 지금처럼 열려 있었고 정원 문도 마찬가지였죠. 이게 대체 무슨 일인지, 저는 곧바로 전화로 신고하고 캐서린 옆에 앉아 있었습니다. 근데 저 부엌 시계가 맞나요? 네 시간이나 지났다고요? 아무튼 전 그냥 마룻바닥에 앉아 있었죠. 아내 곁에. 아내를 혼자 두는 건 옳지 않게 느껴져서요. 아내는 실려 나갔고, 저는 지금 이 상황이 하나도 이해가 안 갑니다."

파나키 경감이 말했다.

"부인 일은 정말 안되었습니다. 포치에 있는 동안 혹시 누구든 본 사람이 있습니까?"

"아뇨, 아무도요. 이 동네는 일요일엔 조용합니다. 다들 교회를 가거나 가족과 보내거나, 아니면 그냥 외출하거든요. 세 집 떨어져 사는 엘튼과 셀마 테리가 종종 근처를 오가기도 하지만 오늘은 아니었고요. 생각해보니, 페인트칠하던 중에 뒤쪽 골목에서 쿵 소리가 나는 걸 들었습니다만 그냥 고양이가 장난치나보다 했죠."

"언제 사건이 벌어졌는지 짐작 가십니까?"

"대충 열 시 십오 분에서 정오 사이일 겁니다. 캐서린과 이십 분쯤 같이 있다가, 제가 아내의 커피를 마저 마셨지요. 아내는 뜨거운 음료를 다 마시는 법이 없거든요. 커피는 약간 따뜻했습니다."

"알겠습니다. 불편을 끼쳐 죄송합니다만, 저와 함께 서로 가셔서 마저 이야기하셔야겠습니다, 메이스 씨."

"무슨 말인지 모르겠군요. 제가 체포되는 겁니까?"

"필요하다면요. 부인 살인죄로 선생님을 체포해야 할까요, 메이스 씨?"

파나키 경감은 왜 엘리 메이스를 의심할까?

HINT: 동선

메이스는 현관 포치에 페인트칠을 하다가 곧장 들어와 아내 시신을 발견하고 곁에 앉아 있었다고 말했다. 하지만 그는 페인트 자국 하나 없는 밝은색 옷을 입고 있었다. 그것은 오전에 페인트칠을 했다는 증언이 거짓이거나, 아니면 옷을 갈아입었을 가능성이 크다.

결국 그는 교회에서 돌아온 후 말다툼 끝에 아내를 살해했다고 자백했다. 남편은 침입자가 있었던 것처럼 현장을 꾸민 후, 알리바이를 만들기 위해 페인트칠을 했다. 그러곤 신고한 후에 아무 생각 없이 편한 옷으로 갈아입고서 경찰이 오기를 기다렸던 것이다.

원안 극적 증하니 180°

스탠리의 구사일생
Stanley's Narrow Escape

애너벨 보스는 아직 충격에서 벗어나지 못한 것 같았다. 애너벨은 집사 헨더슨이 메리 밀러를 응접실로 안내하자 일어나 미소지으며 어서 오라고 인사했지만, 곧 헨더슨을 전임 집사 이름으로 부르고는 눈물을 터트렸다.

메리 밀러는 친구를 위로했고, 헨더슨은 뜨거운 차를 내오기 위해 조용히 물러갔다.

애너벨이 말했다.

"정말 상상도 못 할 일이야. 어느 고약한 짐승이 여기 숨어들어와 스탠리를 납치하려 했어! 세상에, 어떻게…… 어떻게 이런 일이 벌어질 수가…… 난……."

그녀는 흐느끼느라 말을 끝맺지 못했다.

"스탠리는 어때?"

"애는 다행히 괜찮아. 일곱 살 애들이 어떤지 알잖아. 무슨 일이든 다 지나가면 끝인 모양이야. 신경 줄이 다 닳은 건 어른들이지. 엄마인 제티하고 보모 셀마가 그 애를 구했어."

"정확히 무슨 일이 있었던 거야, 애너벨?"

"그때 스탠리는 위층에서 셀마와 놀고 있었어. 제티의 남편 구스타브는 출장 중이었지만, 예정보다 빨리 끝내고 오늘 오후에 돌아올 거야. 나는 여기서 오래간만에 조용한 틈을 타서 스케치를 했어. 그 평화는 갑자기 어마어마하게 끔찍한 비명에 깨졌고, 유리 깨지는 소리 이후에 빠르고 쿵쿵거리는 발소리가 이어졌어. 내가 헨더슨보다 몇 걸음 앞서 위층으로 달려 올라가니, 셀마와 제티가 울며 스탠리를 끌어안고 있더라고. 웬 복면 쓴 무뢰한이 침입해서 아이를 끌고 가려 했대. 제티가 비명을 지르고, 셀마가 손

에 잡히는 대로 침입자에게 내던졌다고 해. 항아리, 장식 접시, 재떨이 그런 걸 말이야. 그러다가 부지깽이가 눈에 띄어 그걸 들고 덤볐더니 놈이 도망가더래. 복도 창문에서 진달래 화단으로 뛰어내려 도망갔어. 경찰이 침입자의 인상착의를 받아 적고, 믿을 만한 업체를 알아봐 줘서 아주 든든해 보이는 사람을 곁에 두고 있긴 한데, 다행히 납치범이 또다시 시도할 것 같진 않대."

"저런, 끔찍해라."

그때 홍차를 들여왔고, 메리 밀러는 길게 한 모금 마시곤 말했다.

"그 사람이 어떻게 들어온 거야? 그냥 현관으로 설렁설렁 들어오진 않았을 것 아냐?"

"어, 아니지. 경찰 말로는 억지로 침입한 흔적은 전혀 찾지 못했대. 헨더슨이 현관으로 그 사람을 들인 거라면 내가 어쨌든 문소리를 들었을 거야. 그게 아니면 부엌문, 테라스 문, 아니면 뒤쪽 프랑스식 창문이 남지. 그렇지만 요리사 제임스 부인이 오후 내내 부엌에 있었고, 집안일을 돕는 아를렌이 테라스로 이어지는 무도회장을 청소하고 있었거든. 그래서 경찰은 프랑스식 창문이 침입 경로일 거로 생각하더라고. 어쩌면 창문을 열 방법이 있을지도 모르지."

메리 밀러는 미간을 찌푸렸다.

"내가 직접 좀 둘러볼까 싶은데."

"그게 나을 것 같다면야."

메리 밀러는 고개를 끄덕이며, 친구를 바깥으로 이끌었다. 테라스에는 가구가 없었고, 청소를 끝낸 돌바닥이 햇살에 반짝거렸다. 무도회장으로 이어지는 커다란 접이식 문은 닫혀 있었다. 애너벨은 작은 은색 열쇠를 꺼내 자물쇠를 풀었다. 메리 밀러가 문을 당겨보자, 매끄럽게 열렸다.

애너벨이 말했다.

"앞으론 문을 닫아놓는 데 익숙해져야겠지. 여름에는 환기 목적으로 테라스 문을 열어두곤 했는데."

"안타깝네."

부엌문은 아름답기보다는 단단하고 기능적이었다. 위쪽에는 거미줄이 덮여 있었다. 애너벨이 문을 노크하자, 크고 묵직하게 열쇠가 돌아가고 자물쇠가 풀리는 소리가 나더니, 요리사가 문을 열어 거미 몇 마리가 집을 잃고 말았다.

그녀는 애너벨과 메리 밀러를 번갈아 쳐다보며 말했다.

"네, 무슨 일이시죠?"

메리 밀러는 그녀에게 미소 지으며 말했다.

"보통 이 문을 닫아두나요, 제임스 부인?"

요리사는 코웃음을 쳤다.

"물론이죠, 여사님. 말썽꾼들이 몰래 식품창고에 들어와서 내 케이크를 해치우는 건 달갑지 않으니까요."

애너벨은 그 말에 미소 지었다.

"겨우 두 번 그랬잖아, 내 기억으론."

요리사의 억세고 괄괄한 얼굴에 미소가 슬쩍 스쳤다.

"제가 이 문을 닫아 걸어 잠그기 전의 일이죠, 사모님. 이 셀레스트 제임스를 속여 넘기려면 일찍 일어나야 하니까요."

메리 밀러가 가볍게 목례를 하며 말했다.

"방해해서 미안해요."

"네, 여사님."

요리사도 목례를 하며 당당하게 말했다. 문은 다시 닫혔고, 요란스럽게 자물쇠가 잠겼다.

긴 복도 끝의 집 뒤쪽에 있는 프랑스식 창문은 정원으로 이어져 있었다. 창문은 굳게 닫힌 채였고, 열쇠 구멍이 바깥쪽에 있긴 했으나 손잡이가 없었다.

메리 밀러는 금속 열쇠 구멍을 들여다보았으나, 긁히거나 건

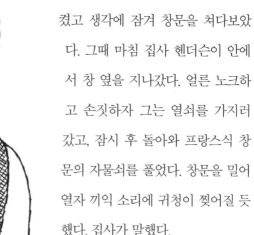

드린 흔적은 없었다. 그녀는 몸을 일으켰고 생각에 잠겨 창문을 쳐다보았다. 그때 마침 집사 헨더슨이 안에서 창 옆을 지나갔다. 얼른 노크하고 손짓하자 그는 열쇠를 가지러 갔고, 잠시 후 돌아와 프랑스식 창문의 자물쇠를 풀었다. 창문을 밀어 열자 끼익 소리에 귀청이 찢어질 듯했다. 집사가 말했다.

"죄송합니다. 봄에 창틀이 뒤틀려서 약간 시끄럽습니다. 보스 씨와 문

아래쪽을 갈아낼지 의논했지만, 그분은 겨울철 웃풍이 더 큰 골칫 거리일 거라 여기서서요. 제가 홍차를 새로 따라두었습니다."

애너벨은 그에게 고맙다고 인사했고, 두 사람은 다시 집 안으로 들어왔다. 응접실로 돌아가던 중에 메리 밀러는 주위를 둘러보고 단둘만 있는지 확인한 다음 말했다.

"경찰한테 말해야겠어, 애너벨. 내 생각엔 납치범이 집 안에 자기편을 심어둔 것 같아."

메리 밀러가 의심하는 사람은 누구이며, 이유는 무엇인가?
HINT: 출입문

집 안이 유난히 조용했던 것을 생각하면, 침입자가 애너벨 보스에게 들키지 않고 프랑스식 창문을 이용했을 가능성은 거의 없다. 부엌문은 조용히 열 수 있을지도(없을지도) 모르지만, 문 바깥쪽의 거미줄을 보면 그 문을 쓴 지 최소한 며칠은 지났음을 알 수 있다.

애너벨의 증언에 따라 현관문이 열렸다면 그녀가 소리를 들었을 것이다. 그러므로 침입자는 테라스 문을 통해 들어온 것이 분명하다. 진술한 바에 따르면 청소 중이던 아를렌에게 들키지 않고 무도회장을 지나기란 불가능했을 터이니 그녀가 가담했다는 의미가 된다.

그녀는 공모죄로 체포되었고, 형량을 줄여주는 조건으로 납치범들에 대한 정보를 내주었다. 그녀의 사촌이 사건을 일으킨 조직의 일원이었다.

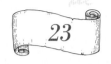

23

주류 판매점의 총잡이!
The Gunman

주류 판매점의 저녁 근무는 별로 안전하지 않은 일자리였다. 파나키 경감이 받은 최초 보고서에 따르면, 이웃 상점의 증인들이 총소리를 들은 시간을 기준으로 톰 피어스의 사망 시간은 오후 일곱 시 십팔 분으로 추정되었다. 사람들이 도착했을 즈음엔 피어스는 죽어 있었고, 살인자는 금전등록기를 털어 사라진 후였다.

가게는 허름한 분위기였다. 선반과 마감재는 오래되었고, 군데 군데 페인트칠한 곳엔 금이 가 있었다. 갖가지 캐비닛은 짝이 맞지 않았으며 여기저기 마구 쑤셔 넣어져 있어 옆문을 가렸다. 나무 바닥은 전체를 다시 갈아야 할 판이었고, 멀쩡한 부분조차 와인 자국투성이였다.

톰 피어스의 시신은 가게의 허름한 카운터 뒤에서 발견되었다.

텅 빈 금전등록기 서랍이 시신 위쪽으로 툭 튀어나와 있었다. 그는 가슴에 총 두 발을 맞았으며, 심장을 맞지는 않은 것으로 볼 때 살인자는 아마추어일 가능성이 있었다. 이는 주류 판매점에서 시시때때로 일어나는 전형적인 사건·사고였다. 살인자가 특별한 증거를 남기지 않았기에, 파나키 경감은 감식반에 가게 검시를 맡기고 증인들과 이야기하러 나왔다.

대니얼 위든은 제일 먼저 사건을 신고한 사람이었다. 그는 옆 가게 식품점에서 일하고 있었다. 스물네 살로, 약간 불안해하는 분위기가 풍기는 깡마른 젊은이였다.

"톰하고는 인사할 정도로만 알고 지냈어요. 저보다 나이가 많았죠. 서른다섯 살쯤. 원래부터 사근사근하진 않았고요, 좀 팍팍

한 사람이었어요. 하지만 이쪽 거리는 모두 한 건물주라서, 가끔 구두쇠 영감 욕을 같이 하곤 했죠. 네? 아, 건물주 이름은 해리 호크예요. 제가 구두쇠라고 했단 말은 전하지 말아주세요. 그가 알면 임대료를 올려서 저를 쫓아낼걸요. 어젯밤 옆 가게에서 총소리가 났고 바로 주류 판매점일 거라 짐작했죠. 누가 샌드위치 가게를 털겠어요? 아무튼 경찰에 전화한 다음에 문을 잠그고 가봤죠. 맞은편 바에서 일하는 빌이 길을 건너오고 있었고 델리에서 일하는 피터는 벌써 주류 판매점 안에 있었죠. 얼굴이 창백하더라고요. 톰 피어스는 이미 죽은 후였어요. 아뇨, 길에는 아무도 없었어요. 제가 신고하는 사이에 도망간 게 틀림없어요. 경찰은 몇 분 만에 왔고요."

피터 데이비는 스물아홉 살로, 주류 판매점 다른 쪽 옆의 델리 카트슨에서 일했다.

"제대로 보진 못했지만, 그 남자를 봤습니다. 총소리를 듣고 달려나갔죠. 키 크고 덩치 있는 남자가 문을 열고 나오더군요. 얼핏 본 기억으론, 멍청하고 우락부락해 보였고 코가 권투선수처럼 주저앉아 있었죠. 그 사람의 눈에 띄고 싶지 않았어요, 무슨 뜻인지 아시죠? 그래서 골목으로 숨어 옆문으로 가게에 들어갔죠. 톰은 카운터 뒤편 피 웅덩이에 쓰러져 있었습니다. 이미 죽은 것 같더군요. 몇 분 후, 식품점의 대니얼 위든이 달려 들어왔고, 바에서 일하는 빌이 그 뒤를 따랐습니다. 경찰도 얼마 안 되어 왔고요. 하지만 우리가 할 수 있는 일은 아무것도 없었죠. 아뇨, 전 톰과 친하진 않았습니다. 톰이 살가운 사람은 아니었거든요. 하지만 그렇게 죽어도 될 사람은 아니었어요. 금전등록기 현금 때문에 총을 맞다니……."

빌 브루어는 주류 판매점 맞은편에 있는 바, 더 브루어리를 직접 운영하는 삼십 대 초반의 덩치가 큰 남자였다.

"총소리는 들었죠, 물론. 나와 보니 대니얼이 가게 문을 걸어 잠그고 있더군요. 성큼성큼 걸어가는 키 큰 남자의 모습을 얼핏 본 것도 같은데, 어둡다 보니 잘못 봤을지도 몰라요. 길을 건너 가 보니 톰이 죽었더군요. 뭐 제가 도울 수 있는 일도 없고, 바를 혼자 지키는 형편이라 술꾼들만 둘 수 없어서 도로 여기로 돌아왔습니다. 자리를 비운 사이에 술 몇 병이 없어지긴 했지만, 싸구려니까 괜찮아요. 그럼요, 톰을 알고말고요. 가끔 가게 문을 닫고 들르곤 했습니다. 다른 단골손님들과 죽이 맞았죠. 여기가 그렇게 좋은 동네는 아니잖습니까? 톰은 자기 인생이 굴러가는 모양을 영 마음에 들어 하지 않았지만, 젠장, 여기 누군들 안 그렇겠습니까? 적이요? 아뇨, 톰 같은 사람은 워낙 자기한테만 골몰하니 적을 만들고 말고 할 게 없었죠. 남들에게 신경을 쓰지 않는데 적이 될 일이 있겠습니까? 톰이 친구가 있는지 모르겠지만 전 본 적은 없어요. 더 말씀드릴 게 있으면 좋을 텐데, 아쉽네요. 이런 사건이 나면 장사에 아주 타격이 큽니다. 아무튼, 하던 이야기로 돌아가자면, 톰은 햇살 같은 사람은 아닐지 몰라도 괜찮은 손님이었고, 야구 이야기를 나누기엔 정말 좋은 상대였죠."

파나키 경감은 더 브루어리를 나온 후, 길 건너 주류 판매점과 양옆의 가게들을 쳐다보며 말했다.

"더 조사할 필요도 없겠군."

피터 데이비는 옆문으로 주류 판매점에 들어갔다고 주장했지만, 캐비닛이 문을 막고 있었으니 불가능하다. 거짓말이 틀림없고, 총성과 그의 등장 타이밍을 고려하면 그가 살인자여야 그 시간에 주류 판매점 안에 있을 수 있다.

피터 데이비는 집 바깥 쓰레기통에서 권총이 발견되자, 그제야 주류 판매점을 털었다고 자백했다. 가게 월세가 밀려서 급전이 필요했던 것이다. 정체가 들통나는 것을 막으려고 톰까지 죽였다.

원안 국주 돌려나

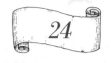

사립탐정의 죽음
The Investigation

사립탐정 피살 사건은 보통 신문 1면 감이 아니지만, 포레스트 루이스는 시장 후보 패티슨의 뒤를 캐고 있었다. 그로 인해 그의 죽음은 언론이 좋아하는 생생한 스캔들의 냄새를 풍기게 되었다.

손잡이에 진주가 막힌 수수께끼의 리볼버 권총이 죽은 남자의 책상 위에 놓인 사건 현장 사진이 기자들에게 유출되었고, 모든 신문 1면에 실렸다. 어떤 경로를 통해서인지, 〈트리뷴〉지의 데이비드 사우스웰은 사건의 상세 내용, 즉 시장 후보의 사기 혐의를 알아내고 합당한 의혹을 불러일으키는 데 성공했다. 그러자 〈크로니클〉지의 베른 핸들리는 오히려 패티슨을 순수 혈통의 성자로 그려내는 것으로 맞대응했다.

하지만 조시는 아무런 특종 기삿감을 아직 찾아내지 못해 또다시 편집장에게 면목 없는 상황이었다. 조시의 지인인 경찰 관계자 피트의 말은 실망감만 안겨주었다.

"시장 후보 패티슨은 무관해. 우리가 이미 캐봤지. 물론 그가 가장 혐의가 짙지만, 그걸 증명할 방법은 절대 없을 거야. 그래서 그의 적수들이 조용히 있는 거야. 탐정 포레스트 루이스는 보수를 넉넉히 챙기며 시시한 심부름을 하고 있었지. 그가 살해당할 정도로 패티슨이 위험에 처했을 리는 없어. 설상가상으로, 감식반에서 나온 말로는 그가 총에 맞은 것도 아니래. 다들 떠들어대던 그 근사한 권총은 살인 흉기가 아니었던 거야. 그의 진짜 사인은 아직 몰라. 현재로서는 공개하지 않고 있어. 미안해, 조시. 원하던 정보가 아니라는 거 알아."

조시는 노발대발할 편집장을 떠올리며, 혹시 〈크로니클〉과 〈트리뷴〉이 놓친 것이 있을까 싶어서 탐정의 사생활을 알고 있을 만한 사람들과 이야기해보기로 마음먹었다.

탐정의 조수 로드니 캐시는 외모는 거칠지만 유쾌한 성격의 이십 대 초반 청년이었다.

"뭐, 말씀드릴 게 있나 모르겠습니다. 사립탐정에겐 직업상 적이 붙을 수밖에 없지만, 루이스 씨는 한 달가량 패티슨 건만 전담으로 수사해왔어요. 그럼 왜 지금이겠습니까? 보통 시간이 지나면 울분도 가라앉기 마련이고, 패티슨은 기분 상하거나 걱정했다기보단 재미있어하는 눈치였습니다. 루이스 씨한테 붙잡혔다가 최근 출소한 놈이 있는지는 모르겠습니다. 저는 우리에게 유용한 정보가 있다고 주장하는 남자와 외부에서 만나고 있었죠. 사실 완전히 시간 낭비였습니다. 바람맞았어요. 돌아와 보니 이미 시신을 내갔더군요. 권총이요? 아뇨, 루이스 씨는 절대 그런 번지르르한 물건을 사실 분이 아닙니다. 살인자가 버리고 갔겠지요."

알폰소 파커는 루이스의 오랜 친구로, 살인이 벌어진 날에 그와 점심 식사를 함께했다.

"우린 학창시절부터 알고 지냈지요. 그 친구는 한 달에 한 번 정도 저희 집에 저녁을 먹으러 들르곤 했습니다. 그것도 이젠 옛일이겠군요. 그 정신 나간 놈이 보고 싶을 겁니다. 늘 언젠가 이런 일이 벌어지지 않을까 겁이 났죠. 정치인들의 뒤를 캐는 건, 바람피우는 남편들을 미행하는 것보다 훨씬 위험하니까요. 점심이요? 네, 시청 근처 에이프릴스에서 먹었습니다. 약간 침울해 보였지만, 직원이 좋은 단서를 추적 중이라고 했지요. 그 사건 때문에 애먹는 것 같았습니다. 별 진전이 없다고 그랬고, 그러면서 열 받아 했거든요. 세 시간 후에 머리를 얻어맞고 죽었다니 말도 안 됩니다. 이해가 안 가요. 여자친구요? 아뇨, 연애 같은 걸 하는 사람이 아닙니다. 불쌍한 놈 같으니라고."

루이스의 다른 직원인 버날 레너즈는 파트타임으로만 일했으며, 전직 권투선수 출신이었다. 조시는 그가 운영하는 체육관을 찾아갔다. 레너즈는 삼십 대 초반으로 엄청난 근육과 흉터투성이와는 안 어울리게 놀랄 만큼 목소리가 부드러웠다.

"루이스 씨가 총에 맞았다는 소식은 들었습니다. 참 안타까운 일이죠. 신사였어요. 네, 그분의 일을 종종 도와드렸습니다. 경호가 필요할 때요. 싸움꾼이 아니라, 사근사근한 분이었어요. 잘생겼고요. 다년간 제가 그분을 지켜드린 게 몇 번 됩니다. 많지는 않고요. 루이스 씨는 두루 호감을 샀으니까요. 사 년인가? 아마 그럴 겁니다. 그분을 진짜로 죽이고 싶어 하는 사람은 못 봤습니다. 그야 물론 이따금 위협은 있었죠. 하지만 그냥 말뿐이었습니다."

레너즈의 체육관을 나온 조시는 바깥 공중전화로 돌진하여 편집장 직통번호를 눌렀다.

"편집장님, 누가 사립탐정을 죽였는지 알아냈어요."

조시 콜이 의심하는 사람은 누구이며, 이유는 무엇인가?

HINT: 정보

현장에서 발견된 총 때문에 포레스트 루이스가 총에 맞아 죽었다고 모두들 생각하고 있었다. 그런데 알폰소 파커는 어떻게 피해자가 머리를 얻어맞았다는 걸 알고 있을까?

알폰소 파커는 체포된 후, 곤봉으로 루이스를 때려죽이고 수사에 혼선을 주기 위해 권총을 놓아두었다고 자백했다. 그는 루이스가 자기 아내와 불륜 관계임을 알게 되자, 그 배신감을 참을 수 없었다.

원안 국지 읽거나 .081

25

골퍼의 알리바이!

The Golfer

메리 밀러는 삼색 고양이 오브리를 무릎에서 밀어내며 몸을 바로하고 앉았다.

"레타, 정말로 네가 처음 발견한 거야? 힘들었겠구나."

레타 하비는 힘없이 고개를 끄덕였다.

"이미 아는 줄 알았어. 응, 지난 주말에 빌린 망원경을 돌려주러 거기에 들렀지. 주전자 물 끓는 소리가 들리고 부엌문이 열려 있기에, 안으로 들어갔어. 페이가 테이블에 쓰러진 채 죽어 있지 뭐야. 분명 비명을 질렀을 거야. 그다음에 경찰에 전화하러 갔지."

그녀는 잠시 입을 다물었다가 다시 이어 말했다.

"페이를 구하려고 해봤자 소용없다는 게 확실했거든. 돌아와 보니, 주전자 물이 다 끓어 증발했더라. 순경 말로는 아마 내가 도착하기 십 분에서 십오 분 전에 페이가 죽었을 거래."

메리 밀러가 말했다.

"그렇겠네. 뭔가 이상하거나 거기에 어울리지 않는 물건은 없었어?"

"응, 흐트러져 있지도 않았고, 눈에 띄는 물건도 없었어. 커피와 크림을 꺼내놨고, 아이스박스가 열려 있었으니, 페이가 주전자를 올려놓던 참에 살인범이 들어왔겠지."

메리 밀러는 고개를 설레설레 내저었다.

"물론 경찰이 그 남편과 면담했겠지?"

"응, 경찰이 그날 저녁에 남편 로니를 신문했어. 사건 당시 골

프를 치고 있었대. 그가 사건 발생 한 시간 전에 입장해서 골프 코스 옆 바에 내내 있었다고 스무 명도 넘는 성실한 시민들이 증언했어. 로니 몽고메리는 정말 못 말리는 작자지만, 알리바이가 확실하니까 범인은 아니야. 최소한 직접 저지르진 않았을 거야."

"나와는 모르는 사이야. 조류협회 연례행사에서 한 번 만난 것 같긴 한데."

"우쭐거리고 저 잘난 줄 아는 멍청이지. 난 그 사람이 없을 때를 골라 찾아가거나, 모임에 나가곤 했어. 그 사람이 벌컥 성질을 부리는 건 상상할 수 있지만, 계획적으로 진짜 누굴 시켜서 그러는 건, 모르겠어……."

레타 하비는 말끝을 흐리며 몸서리를 쳤다. 메리 밀러는 동정의 미소를 지으며 말했다.

"페이가 설마 어리석은 짓을 한 건 아니지?"

레타 하비는 쓰게 웃었다.

"페이가? 아니, 새하고 책만 있으면 충분히 만족해하는 사람이야. 마리온 우들리와 내가 아마 제일 가까운 친구일 텐데, 우리도 절친이라고는 말 못 해. 흔히들 조용한 사람이 속에 어두운 비밀을 품고 있다곤 하지만, 페이는 그냥 자기 혼자서도 괜찮은 그런 사람이야."

메리 밀러는 생각에 잠겨 말했다.

"마리온 우들리는 참 재미있는 정신세계를 가진 사람이지."

"무척. 아주 예리하고."

"마리온도 페이의 친구였어?"

"응. 마리온과 나는 알고 지낸 지 몇 년 되었고, 페이가 우리 앞에 나타난 셈이지. 대체로 내가 페이를 만날 때면 마리온도 같이 있었고, 그 반대도 마찬가지야."

"마리온은 짐작 가는 데가 있대?"

"마리온은 시간만 빼면 로니가 범인이라고 생각해."

메리 밀러는 얼굴을 찌푸렸다.

"레타, 바로 그거야!"

"그거?"

"그래! 딱 그건 아니지만, 맞아. 로니 몽고메리가 어떻게 범행을 저질렀는지 알겠어!"

메리 밀러는 왜 로니를 의심할까?
HINT: 타이밍

　　로니의 알리바이는 끓는 주전자로 인해 페이가 죽은 지 얼마 안 되었다는 가정에 기반을 두고 있다. 하지만 만약 주전자를 불에 올린 것이 훨씬 이전이라면 남편의 알리바이는 없어진다. 주전자에 얼음을 가득 채우면 끓어 물이 다 증발하기까지 훨씬 더 오래 걸리고, 사건 현장에 있던 아이스박스의 얼음이 그 증거다.

　　로니는 다시 체포되었고 직장 동료와 불륜 관계였음이 밝혀지자 결국 자백하고 말았다.

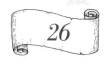

공격당한 직물 상인
The Fabric Man

아이제이아 룰은 자신을 공격한 사람의 얼굴을 보지 못했다. 그가 창고에서 재고를 기록하던 중에 낯선 발소리를 들었고, 다음으로 기억나는 것은 몇 시간 후 병원에서 깨어난 일이었다.

파나키 경감은 그가 비록 공격한 사람이 누구인지 지목하진 못했지만, 그의 도움으로 용의자를 네 명으로 좁힐 수 있었다. 그 네 사람이 조사실에서 경감을 기다리고 있었다.

파나키 경감이 조사실에 앉자마자 존 설리번 경관이 커피 머그잔을 들고 들어왔다.

"고맙네, 존."

"경감님, 어제 오후 랜달 가에서 일어난 가스관 폭발 사건 이야기 들으셨습니까?"

"아니. 부상자가 있나?"

"몇 명이요. 뭐, 심각한 건 아니랍니다. 다만 시내 서쪽에 교통 체증이 엄청났지요."

파나키 경감은 얼굴을 찌푸렸다.

"고마워. 또 다른 일은 있었나?"

"음, 러시아에서 폭력 사건이 터지고, 유력 정치인이 댄서와 스캔들이 났으며, 페티는 독감으로 시합을 놓쳤고, 간호사들은 처우에 불만을 품고 파업을 논의 중입니다. 아, 화요일은 계절답지 않은 날씨라고 기상 캐스터가 말하더군요."

존은 경감의 표정을 보고 곧 하던 말을 멈추고 입을 다물었다. 그러곤 눈치를 보며 다시 말했다.

"첫 번째 용의자를 들여보내겠습니다. 괜찮겠지요?"

파나키 경감은 고개를 끄덕였다. 존은 첫 번째 용의자를 데리러 허겁지겁 나갔다.

셔먼 클린턴은 아이제이아 룰에게 물건을 대는 납품업자였다. 헝클어진 머리에 근육이 잘 발달한 체구로 정장 차림이었다.

"아이제이아 룰 씨와 거래하고 있습니다. 아시아 중에 대체로 중국 거래처들에서 다양한 종류의 물품을 조달받아 납품해주죠. 비단이 아주 인기가 있어요."

"꽤 고가품이지요. 취급하시는 상품은 전부 합법적으로 승인받고 통관 절차를 제대로 거친 거겠지요?"

셔먼 클린턴은 파나키 경감에게 양손을 펼쳐 보이며 씩 웃었다.

"언제든 장부를 조사해보셔도 됩니다, 경감님. 영장만 제대로 받아오시면요."

"그렇군요. 어제 오후 아이제이아 룰을 보셨습니까?"

"아뇨, 당연히 아니죠. 전 토요일엔 일을 안 합니다. 사실 조카 딸 아델리나와 오전 열 시부터 오후 여섯 시까지 같이 있었죠. 공원에 갔어요. 교통체증에 걸리지 않아 다행이었죠. 누나와 매부도 가끔 쉬어야 하니 제가 기꺼이 돕는 거죠. 가족은 소중하니까요, 안 그렇습니까?"

"물론이죠. 시간 내주셔서 고맙습니다."

다음 용의자 핀리 쿤츠는 아이제이아 룰의 창고 근처 커피숍 단골이었다. 그는 지난 일이 년 사이 여러 건의 경범죄에 연루되었으나, 아직 기소까지 간 사건은 없었다. 핀리 쿤츠는 살아온 내력만큼이나 여러모로 수상해 보였다. 핀리 쿤츠는 코웃음을 치며 말했다.

"말씀하시는 그 사람 잘 알죠, 옷감 파는. 그래서요? 내가 재봉일을 하는 것도 아닌데 더 잘 알아야 하나요? 아뇨, 거긴 한 번도 들어간 적 없어요. 그럴 일이 뭐가 있다고 가겠어요."

"어제 오후엔 어디 계셨습니까, 쿤츠 씨?"

"달리 어디겠어요, 경기장이지. 시내에 사는 말 통하는 사람들과 마찬가지로."

"저는 아직 그런 기쁨을 누리지 못했군요. 일에 쫓겨서."

"아, 큰 재미를 놓치셨네. 우리가 놈들을 박살 냈거든요. 패럿이 잘나가는 선수인 줄 알았는데, 아예 출전도 안 했다 그겁니다. 윌킨스는 싸구려 정장처럼 구겨졌고. 그러는 사이에 카터와 페티가 활활 불살랐죠. 정말 끝내줬어요. 그놈들은 그냥 녹아버렸다니까요. 어제 상대 팀엔 얼굴 붉힌 사람들이 몇 있었을 겁니다, 내기해도 좋아요."

파나키 경감은 한숨을 내쉬었다.

"고맙습니다, 쿤츠 씨."

카터 스펄링은 아이제이아 룰의 회사에서 예전에 일했던 직원이었다. 둘은 몇 달 전에 험악하게 갈라섰다.

"룰 사장은 빌어먹을 멍청이였어요. 오 년간 열심히 일했죠. 물론 사장한테서 잔돈푼 하나 훔친 일 없습니다. 하지만 사장은 나라고 확신했죠. 정말 눈 깜박할 사이에 잘렸어요."

"짜증났겠군요."

"분노가 치밀었죠."

카터 스펄링이 잠시 입을 다물었다가 다시 말했다.

"그렇다고 내가 그 작자를 털었다는 건 아닙니다. 사장에게서 현금도 훔치지 않았고, 재고품도 빼돌린 적 없어요. 그런 짓은 안 합니다."

"어제 오후엔 어디 계셨습니까, 스펄링 씨?"

"여자친구하고 같이 있었어요. 온종일 버스에 갇혀 있었던 기분이네요. 우리가 시내 중심가에 들어섰을 때쯤엔 이미 여자친구의 친구들은 다 가버린 상태였고요. 여자친구가 이야기해드릴 겁니다. 어제 밤새도록 나한테 그것 때문에 화가 나서 난리였거든요. 내 잘못이 아닌데도요. 룰 사장도 운이 나빴지만 그래도 그 작자가 자초한 겁니다."

마지막 인물 톰 클라바우는 폭행과 절도로 몇 건의 전과가 있는 잡범이었다. 그는 지난 십여 년간 여러 곳의 창고에서 경찰이 입증 가능한 횟수보다 훨씬 많이 사람들을 때려 기절시키고 범죄를 저질렀다. 마흔이 조금 안 된 건장한 남자로, 평소에도 습관적으로 부루퉁한 표정을 하고 있었다.

"댁이 말하는 남자가 누군지 몰라요. 거기가 어딘지도 모르고요. 혹시 그 앞을 지났을 수도 있고, 아닐지도 모르지만 아무튼 그 안엔 들어간 적 없어요. 해 뜰 때부터 해 질 때까지 종일 강에서 낚시했죠. 커다란 송어 몇 마리를 낚았고요. 그 근처 가서 사람들에게 물어보쇼, 말해줄 테니까. 아뇨, 이름 몰라요. 낚시하고 있었다니까, 친구 사귀는 게 아니라."

파나키 경감은 감사 인사를 하고, 양해를 구하곤 조사실 밖으로 나왔다. 그러고는 존 설리번 경관을 불렀다.

"체포 영장 준비하자고, 알겠지?"

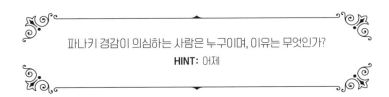

파나키 경감이 의심하는 사람은 누구이며, 이유는 무엇인가?
HINT: 어제

핀리 쿤츠는 경기장에 있었다고 주장했지만, 그가 그렇게나 경기 성적을 높게 평가한 페티가 실제론 시합에 나오지 않았음을 모르고 있는 모양이었다. 거짓말이 들통나자, 그는 아이제이아 롤을 습격하고 값비싼 위탁판매상품 몇 가지를 훔쳤다고 자백했다.

27

빈슨가 스캔들
The Vinson Scandal

애니스 빈슨은 신문 가십난을 한 번이라도 들여다본 사람이라면 매우 익숙할 이름이었다. 그녀의 할아버지인 메이어 빈슨은 지난 세기에 구리로 큰 재산을 벌어들여, 시의 사분의 일 정도는 그의 땅이라 해도 좋을 정도였다. 그의 자녀와 손자들은 유복한 지역 유지로 자리 잡았고, 가족의 재산과 지위는 시간이 흐를수록 커져만 갔다. 빈슨 집안의 새로운 세대는 한때 최선을 다해 재산과 지위를 무너뜨리는 듯했으나, 점차 나이가 들면서 상식과 책임감을 갖추게 되었다.

그래도 애니스와 그녀의 남매, 그리고 사촌들이 가십난의 소재를 꾸준히 제공 중이었다. 오늘 뉴스에 따르면 누군가가 애니스 빈슨의 집에 침입하여 목걸이와 반지 몇 개, 그리고 남사스러운 옷가지를 훔쳐갔다고 한다.

조시 콜은 운 나쁘게도 목격자가 〈센티널〉지에 자기가 도둑을 보았으며 특종 정보를 팔겠다고 제안하는 전화를 받고 말았다. 사교계 담당 기자인 필립 카터는 평소와 마찬가지로 어디 호사스러운 곳에서 별것도 아닌 일로 지루한 사람을 인터뷰하고 있어 자리를 비운 상태였다.

편집장은 조시더러 당장 가서 목격자와 이야기해보고, 가능하다면 거래를 마무리 지으라고 시켰다.

"자네가 가, 당장! 그 사람이 자네 목소리를 알잖아."

그래서 조시 콜은 시 외곽에 위치한, 목격자가 일하는 무시무시하게 비싼 작은 커피숍 르 코쇼넷의 유일한 손님이 되었다. 메뉴판을 보고 조시는 한숨을 내쉰 후에 눈에 들어오는 것 중에서 가장 기본적인 커피와 파이 한 조각을 주문하면서 꼭 영수증을 받아다가 비용을 청구해야겠다고 생각했다.

그곳에서 일하는 웨이터 헤이스 뷔챔이 신문사에 전화를 건 사람이었다. 헤이스 뷔챔이 주문을 받을 때 조시는 자신이 누구인지 밝혔다. 헤이스 뷔챔은 카운터 뒤에 있는 사장에게 고개를 끄덕해 보이고, 빈의자에 털썩 앉으며 말했다. 그때까지 유리하던 콧대 높은 프랑스어 억양은 사라졌다.

"만나서 반갑습니다, 콜 씨."

"네, 저도요. 어제 뭘 보셨다고요?"

헤이스 뷔챔은 고개를 끄덕였다.

"네, 폭탄급이죠. 그럼 어떻게 진행되는 겁니까?"

조시 콜은 한숨을 내쉬었다. 그는 편집장이 허가를 내준 금액의 절반 정도를 불렀다.

"먼저 비공개 합의서를 작성합니다. 선생님께서는 저희에게 알고 계신 걸 말씀해주시고 저희가 원한다면 그 이야기를 단독 사용할 권한을 구매하게 해주시고, 저희는 돈을 지급할 때까지는 그 이야기를 한마디도 쓰지 않기로 합의하는 거죠. 그럼 저한테 알고 계신 이야기를 해주시면 됩니다. 양쪽 다 조건에 만족한다면 저희가 그 정보에 관하여 전적인 권리를 갖고, 선생님께선 아무에게도 이야기하지 않기로 약속하는 합의서에 서명하고 그에 해당하는 금액을 받으시는 거지요. 괜찮으시겠어요?"

"네, 그게 공정한 것 같군요."

조시는 비공개 합의서를 내놓았고, 둘은 서명했다.

헤이스 뷔챔은 함박웃음을 머금었다.

"마음에 드실 겁니다. 전 종일 여기에 있는데 고급 카페다 보니 그렇게 붐비지 않아요. 평소처럼 거리를 내다보고 있는데 경찰이 애니스 빈슨 양 집 문으로 슬금슬금 다가가는 겁니다. 대다수 경찰은 보통 목표를 갖고 성큼성큼 걷죠, 아시죠? 근데 그 경찰은 뭔가 은밀해 보였어요. 딱 그거죠. 모자를 푹 눌러쓰고, 짙은 선글라스에 장갑도 꼈고요. 처음 보았을 땐 별생각이 없었어요. 그렇게 더운 날씨는 아니었으니까요. 하지만 그 사람이 주머니에서 뭘 꺼내서는 자물쇠를 만지작거리더니, 짠! 안으로 들어가선 문을 닫지 뭡니까. 어, 그래서 제가 무척이나 호기심이 동해서 그 집을 계속 지켜봤죠. 오 분 후에 그 사람이 들어갈 때와 똑같은 모습으로 다시 나왔는데 뭔가 잔뜩 든 가방을 멨더라고요. 문간에 서서 주위를 둘러보더니, 문을 닫고 거리로 쓱 나섰어요. 그러고는 신나서 휘파람을 불며 사라졌다 이겁니다."

"그건 뭔가 있어 보이는군요. 어떤 모습이었는지 더 자세히 설명할 수 있으시겠어요?"

헤이스 뷔챔이 자신 있다는 듯이 말했다.

"그야 물론이죠. 하지만 신문에 이름이 나가진 않았으면 합니다. 사장이 기자분과 이야기하는 건 괜찮지만, 가게 이름은 언급하지 말래서요."

"네, 물론 그건 가능합니다."

"좋습니다. 그 남자는 185센티미터쯤에, 코가 넓적하고 갈색 눈, 각진 턱에 입이 큼직하고, 덩치가 좋지만 살집이 있진 않았어요. 무슨 말인지 알죠? 싸움 좀 잘하게 생긴 거. 몽타주 그리는 사람을 데려오시면 잘 만들어볼 수 있습니다."

조시는 수첩을 덮고는 일어섰다.

"좋습니다. 저희 편집장님에게 보고 전화를 하고, 이 분 내로 돌아올게요."

조시는 카페를 나와 거리 모퉁이에 있는 공중전화로 향했다. 그는 얼른 편집장에게 전화했다.

"편집장님, 애니스 빈슨 사건 목격자와 이야기해봤는데, 한마디도 안 믿어지네요. 정말 이 정보 삽니까?"

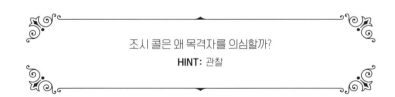

조시 콜은 왜 목격자를 의심할까?

HINT: 관찰

헤이스 뷔챔은 경찰이 갈색 눈이었다고 묘사했다. 하지만 앞서 그는 남자가 짙은 선글라스를 끼고 있었다고도 말했다. 문제의 도둑이 '아까와 똑같은 모습으로' 나왔다고 했으니, 옷차림이 바뀌지 않은 게 분명하다. 그렇다면 목격자가 남자의 눈동자 색깔을 봤을 수가 없다.

신문은 어쨌든 몽타주와 함께 특종 기사를 실었다. 당연히 진범은 잡히지 않았다.

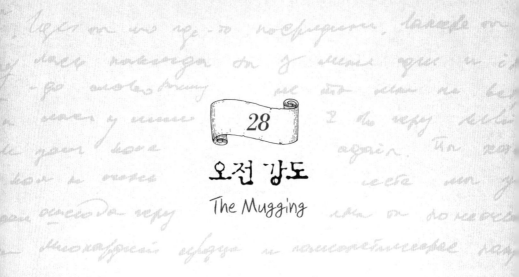

28

오전 강도
The Mugging

제리 로렌스는 시내에서 제일 뛰어난 골동품 시계 수리 전문가에게 가던 중, 강도에게 폭행당해 병원 신세를 지게 되었다. 결혼반지, 골동품 시계, 그리고 커프스링크까지 몽땅 털렸지만, 다행히도 잠시 기절했을 뿐 뚜렷한 뇌 손상을 입지는 않은 듯했다.

아침 열 시쯤 강도를 당했기 때문에, 제리 로렌스는 지나던 시민에게 금방 발견되었다. 경찰이 신속하게 출동하여 여러 명의 용의자를 추려냈고 네 시간 후인 지금, 파나키 경감이 신문을 하도록 준비되었다.

엘로이 사이커는 마른 체구의 남자로 소매치기 전력이 많았다. 그는 조사실에 들어서는 파나키 경감을 애처로운 표정으로 올려다보았다.

"아이고, 경감님. 제가 아무 짓도 안 한 거 잘 아시잖아요."

파나키 경감은 무표정한 얼굴로 말했다.

"전에도 그렇게 말했죠, 사이커 씨."

"네, 하지만 이번엔 진짜 그렇단 얘깁니다."

"오늘 아침, 델 가에서 뭘 하고 있었습니까?"

엘로이 사이커는 어깨를 으쓱하며 한숨을 내쉬곤, 주머니에서 잔돈을 한 움큼 꺼냈다.

"제 용건이요? 빵을 사야 할 거 아닙니까, 보이시죠?"

"델 가에서?"

"당연히 아니죠. 브래드퍼드 가에 근사한 롤빵을 파는 작은 빵 가게가 있습니다."

파나키 경감은 제리 로렌스의 사진을 내밀었다.

"이 사람, 본 적 있습니까?"

그는 고개를 내저었다.

"아뇨, 제가 알아야 합니까?"

"누가 오늘 아침에 이 사람을 공격했어요. 당신입니까?"

엘로이 사이커는 코웃음을 쳤다.

"참나, 저라면 굳이 사람을 때려눕히지 않고도 지갑 정도는 슬쩍할 수 있다는 거 아시면서. 만약 내가 그랬다면 저 사람은 언제 잃어버렸는지도 몰랐을 겁니다. 물론 법을 어기는 일이니 이제는 절대 그런 짓은 안 하죠. 그러니 이제 좀 놓아주시죠? 아침도 못 먹고, 여기에 몇 시간씩이나 붙들려 있었다고요."

다음 용의자 데이나 스틸은 크고 근육질이었으며, 몇 년 전에 절도와 밀수 혐의로 징역을 살았다. 그는 의자에 진득하니 앉아 기다리고 있었고, 파나키 경감이 조사실에 들어서서 맞은편에 앉을 때까지 올려다보지도 않았다.

파나키 경감은 자기소개를 하고 물었다.

"델 가에서 오늘 아침에 뭘 하고 있었습니까, 스틸 씨?"

데이나 스틸은 어깨를 으쓱했다.

"그냥 산책이요. 때로 시내가 이렇게 넓다는 걸 쉽게 잊곤 하니까요. 새로 알아가면 좋죠."

그는 파나키 경감이 내민 사진을 들여다보았다.

"아뇨, 이 사람은 기억에 없습니다. 전에 본 적이 있다면 인상이 머릿속에 남지 않은 거고요. 뭐하는 사람인데요?"

"제리 로렌스 씨는 회계사일 겁니다. 그럼 오늘 아침에 이 사람을 턴 기억은 없다고요?"

"아니요, 오늘 아침에 아무것도 훔친 기억 따윈 없습니다. 과거 일로 교훈을 배웠거든요. 경감님, 그런 사건에 말려들기엔 하늘을 보고 사는 자유가 너무 소중해요. 그 범인을 꼭 잡으셨으면 좋겠네요."

세 번째 용의자 델버트 칼피는 짜증스레 조사실 안을 서성이고 있었다. 경감이 들어서자 그는 몸을 돌려 노려보았으나, 순순히 다시 자리에 앉았다. 델버트 칼피는 턱수염을 길러 잘 다듬었으며 뒤로 빗어 넘긴 머리를 하고 있었다. 다른 두 명과 마찬가지로 그는 전과가 있었으며, 이십 대 초반에 주거침입으로 두어 번 체포됐었다.

델버트 칼피가 다그치며 물었다.

"얼마나 더 기다려야 합니까? 한 시 반에 여자친구랑 시내 반대쪽에서 만나기로 했다고요. 이러다 늦으면 경감님이 책임지실 겁니까?"

"이제 오래 걸리지 않을 겁니다, 칼피 씨. 질문 몇 가지만 드리겠습니다. 오늘 아침에 델 가에서 뭘 하고 있었습니까?"

"내 쇼핑 습관을 물으려고 몇 시간씩이나 잡아놨다고요? 스카프를 한 장 사려던 참이었어요. 그건 괜찮습니까?"

"상당히 검소하시군요. 혹시 돌아다니다가 이 사람을 본 적이 있습니까?"

델버트 칼피는 사진을 들여다보았다.

"아뇨. 한 번도 본 적 없어요."

"그럼 오늘 아침에 이 사람을 털지 않았고요?"

델버트 칼피는 어이없어하며 한숨을 내쉬었다.

"아뇨. 아무나 두들겨 패고 주머니 잔돈푼 빼앗는 버릇 같은 거이제 없어요. 내가 전과가 있긴 하지만, 멍청한 어린애가 아니라고요. 젠장! 사람이 잊지도 못하게 수시로 이러니."

조사실을 나온 파나키 경감은 지친 듯 고개를 내젓고, 체포 영장을 쓰러 갔다.

파나키 경감이 의심하는 사람은 누구이며, 이유는 무엇인가?

HINT: 정보들

피해자가 고장 난 시계를 도둑맞았음을 기억하자.

델버트 칼피는 피해자가 폭력을 당했음을 알고 있으며, 현재 시간을 실제보다 훨씬 이른 것으로 잘못 알고 있다(두 시가 넘었는데 한 시 반 약속에 가야 한다고 안달함). 그중 하나 는 우연의 일치일 수 있으나, 둘을 합하면 상당히 치명적인 증거다.

실수를 지적당하자, 델버트 칼피는 범행을 자백했다.

청동 부엉이!
The Clockwork Owl

젤마 달턴은 열성적으로 희한한 물건을 수집했다. 특히 자동기계에 관심이 많았는데 수집품 중 자랑거리는 고양이만 한 크기의 중세 인도 도기 코끼리로, 태엽을 감으면 코를 휘두르며 뒷발로 서서 발을 굴렀다.

젤마 달턴에게 매년 열리는 시의 수집가 전시회는 연중 가장 기대되는 행사였으며, 메리 밀러는 흥미로운 조류 관련 책이나 그림을 찾기 위해 친구와 종종 동행했다. 올해는 미니어처 물건에 관심이 많은 공통의 친구 로웨나 엘리엇이 합류했다.

메리 밀러가 묘하게 조잡한 도시 풍경 부조를 보고 있을 때 젤마 달턴이 옆에 나타났다.

"메리, 도대체 그게 뭐야? 어머 끔찍해라. 있잖아, 내가 재미있는 걸 찾은 것 같아. 와서 의견 좀 들려줄래?"

메리 밀러는 순순히 말했다.

"물론이지."

젤마 달턴은 메리 밀러를 끌고 전시회장을 가로질러 맞은편 벽 근처의 작은 판매대로 향했다. 누가 봐도 확실한 쓰레기부터 제법 괜찮은 물품까지 무작위로 쌓여 있었다. 그중에 손바닥만 한 크기이고 12센티미터쯤 되는 깊이의 금속 상자가 있었다.

젤마 달턴이 판매대를 지키는 갈대같이 마른 체구에 가느다란 콧수염을 기른 남자에게 물었다.

"이것 좀 봐도 될까요?"

"물론이죠."

남자가 허락하자 젤마 달턴은 상자를 열었다. 그 안에서 먼지투성이의 청동 부엉이가 그들을 향해 눈을 깜박였고, 머리를 앞뒤로 움직이며 부엉부엉 하며 작은 소리를 내뱉었다. 디자인이 잘되었고, 제법 그럴싸해 보였다.

"아주 특이하네."

메리 밀러의 말에 젤마도 마음에 든다는 듯 고개를 끄덕였다.

"응, 꽤 괜찮아. 요즘은 이런 게 흔

하지만, 이 물건은 연대 때문에 특히 흥미롭고 가치가 있을 것 같아."

"그래? 얼마나 오래된 건데?"

점원이 앞으로 나섰다.

"최소한 백오십 년입니다. 저희 증조할머님이 돌아가실 때 할아버지가 물려받으셨지요. 듣자 하니 젊은 시절 증조할머님을 따라다니던 남자분에게서 선물로 받아서 귀하게 아껴오던 보물이라고 합니다. 증조할머님은 벽난로 선반 위에 올려두고 곱게 보관하셨죠. 하지만 저희 할아버지는 별로 물건에 애착이 없는 분이셔서 그걸 물려받으시고 상자에 담아 천에 둘둘 싸서 다락방에 처박아두셨습니다. 거기에 그대로 있다가 처음엔 저희 어머니, 그다음으로 제가 물려받게 되었지요. 제가 어렸을 때 어머니가 한 번 보여주셨던 게 기억납니다만, 보여주고 금방 안전하게 치워두셨죠. 지난달에 할아버지 물건을 정리하게 될 때까지 까맣게 잊고만 살았습니다. 멋진 물건이지만, 제게는 큰 의미가 없어요. 다시 아끼고 사랑해줄 분을 만났으면 합니다."

메리 밀러는 고개를 끄덕였다.

"이해해요. 가격은 얼마나 되나요?"

남자는 좀 깜짝 놀랄 액수를 불렀다.

젤마 달턴이 말했다.

"제대로 작동하는 그 시대 물건으로는 적당한 가격이네요."

그러자 메리 밀러가 두 사람 사이에 끼어들었다.

"잠깐 실례할게요."

메리 밀러는 친구를 한쪽으로 끌고 갔다.

"확실한 연대에 대해선 내가 뭐라 말을 못 하겠지만, 저 사람은 거짓말을 하고 있어. 물건값을 내기 전에 그 사연에 대한 증명을 요구하는 게 좋을 것 같아."

"메리, 너무 냉소적으로 보는 거 아니야?"

"전혀 아니야. 분명한 증거가 있으니까 하는 소리지."

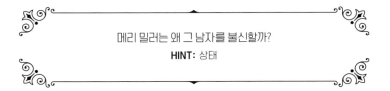

메리 밀러는 왜 그 남자를 불신할까?
HINT: 상태

청동 부엉이 장식품은 먼지투성이였다. 남자가 해준 이야기에 따르면, 증조모가 사망했을 당시 부엉이는 금속 상자에 든 채 천에 싸여 있었으며, 아주 최근까지도 거의 내내 그 상태로 보관되어 있었다. 그렇다면 어떻게 금속 상자 안에 먼지가 쌓였을까?

가장 그럴듯한 답변은 오래된 물건이라는 인상을 주려고 일부러 넣었다는 것이다. 몇 가지 예리한 질문과 마찬가지로 예리한 흥정 끝에, 젤마 달턴은 남자가 처음 부른 값의 십분의 일에 기계 부엉이를 구매했으며, 이는 일이 년 전에 만들어진 물건으로선 적당한 가격이었다.

30
노숙자 영웅
The Hero

클라크 앨리슨이 한낱 장님인 부랑자에서 시의 스타가 되기까지는 만 하루도 채 걸리지 않았다. 어린 앨리스 윌킨스가 공원 호수에 빠졌을 때, 마침 가장 가까운 위치에 있던 사람이 그였다. 십이 년 전 군인일 때 시력을 잃었음에도, 그는 일말의 망설임 없이 곧장 물에 뛰어들어, 비명을 듣고 아이의 방향을 찾아내었으며, 침착함을 유지한 채 아이를 무사히 물가로 데려왔다. 〈트리뷴〉지는 지난 밤에 작게 기사를 냈으며, 클라크 앨리슨은 하루아침에 갑자기 유명인이 되었다.

조시의 편집장이 얼른 인터뷰를 잡고는 조시에게 지시했다.

"삼십 분 후에 호숫가 가판대에서 그 사람을 만나도록 해."

조시는 붕대 감은 오른손을 들어 보이며 반박하려 했지만 편집장은 조시가 입을 열려고 하자마자 딱 쳐냈다.

"손목 삔 거 가지고 뭘 그래. 엄살 그만 부려. 그래도 글씨를 못 쓰겠다면 아담 매튜스를 데려가고. 매튜스가 대신 메모해줄 거야. 혹시 모르니 매튜스한테 사진도 한두 장 찍으라고 하면 좋겠지만, 사진이 실릴 거라고 너무 기대하지는 말라고 해. 우린 여자애 사진을 준비해놓고 있으니까. 일 좀 하라고. 여기 장식처럼 앉아 있으라고 월급 주는 게 아니야."

한숨지으며, 조시는 사진기자를 찾으러 갔다. 조시와 아담 매튜스는 약속한 대로 호숫가의 가판대로 나갔다. 가판대 점원이 근처 벤치를 가리켰다. 거기에는 풍상에 시달린 듯한, 나이를 가늠할 수 없는 남자가 앉아 있었다. 상황을 고려하면 놀랄 만큼 머리와 옷, 수염이 말끔해 보였으며, 짙은 선글라스를 끼고 하얀 지팡이를 들고 있었다.

조시는 그 남자에게로 향했고, 아담 매튜스가 뒤를 따랐다.

"앨리슨 씨인가요?"

"안녕하시오, 여러분. 〈센티널〉지에서 오셨겠지?"

그의 목소리는 가래 끓는 걸걸한 쉰 소리였다.

"그렇습니다. 제 이름은 조시 콜이고, 이쪽은 사진기자 아담 매튜스입니다."

앨리슨은 일어나서 아담과 악수를 하고, 조시에게는 악수 대신 예의 바르게 고개를 숙여 보였다.

"반갑군요. 묘한 상황에 찾아오셨구먼. 〈트리뷴〉지에 있는 댁의 동업자분들 덕분에 오늘은 내 꼴이 봐줄 만하다고 들었어요. 지난 오 년 사이 이만큼 좋은 냄새가 난 적은 확실히 없었지."

"선생님의 인생에 대해 해주실 말씀이 있을까요?"

조시의 물음에 앨리슨은 십오 분 동안 불우한 유년시절, 짧은 군 복무, 시력을 잃게 된 사건, 제대, 그리고 처음엔 알코올 중독, 나중에는 빈곤으로 이어지게 만든 우울증을 대략 들려주었다. 그는 길바닥에 나서게 되었을 때 이러다 죽겠거니 예상했고 심지어 바라기조차 했다고 솔직하게 밝혔다. 아담 매튜스는 그동안 조시가 해독하기조차 싫은 악필로 바쁘게 메모를 끼적였고, 조시는 적절하게 장단을 맞추어가며 들었다.

그러다가 어제 사건으로 이야기가 옮겨갔다.

"술을 줄이고 나서 이쪽으로 오곤 했지. 찰방거리는 물소리와 새소리를 듣는 게 좋았거든. 눈이 보인다고 상상하기도 쉽고. 들리는 사람 소리가 행복하고 여유로운 것도 물론 좋고. 거리보다 훨씬 낫고말고. 사람들이 주고 가는 잔돈푼으로 그럭저럭 지냈지. 어제, 그냥 여기 앉아 있는데 여자애가 뛰어가는 소리가 나고, 그 다음 첨벙 소리와 비명이 들리는 거야. 생각도 하지 않았지. 누구라도 똑같이 그랬을걸. 물에 뛰어들어서 아이 쪽으로 헤엄쳐가서, 아이를 도와 호숫가로 나왔다오. 비록 아무것도 안 보이지만, 공원 호수에 악어가 사는 것도 아니니까."

나머지 이야기는 익숙한 전개였다. 부모가 고마워하며 싼 호텔에 하루 방을 잡아주었고, 구경꾼 중에 기자를 아는 사람이 있었고 등등…….

"이 일이 내게 두 번째 기회가 되면 참 좋겠는데. 술 때문에 여기까지 떨어졌지. 그것만 끊으면 시궁창에서 벗어날 방법을 찾을 수 있을지도 몰라. 장님이라고 해도 할 수 있는 일은 많고, 나 같은 거지 기준에서 보면 신문사 분들이 상당히 넉넉히 대해주셨으니."

"확실히 마음 따뜻해지는 이야깃거리는 되겠군."

조시는 공원에서 나오는 길에 사진기자에게 말했다.

"그 사람은 절대 장님이 아니지만, 편집장에게 알릴 필요는 없을 거야."

조시 콜은 왜 클라크 앨리슨이 장님이 아니라고 생각할까?
HINT: 행동

처음 인사를 나눌 때, 클라크 앨리슨은 조시가 아무 말도 안 했음에도 불구하고 그가 손을 다쳐 악수할 수 없다는 걸 알고 있었다. 사실, 클라크 앨리슨은 어느 정도 시력이 남아 있었다. 완전하게 기능할 정도는 아니지만, 생활하기에는 충분할 정도는 되었다.

〈센티널〉지는 그 점을 언급하지 않았고, 혹시 다른 신문사들은 알았는지 모르겠지만 그들 역시 그 사실은 다루지 않았다. 구조된 소녀의 아버지는 클라크 앨리슨에게 자기가 관리하는 호텔에 일자리를 마련해주었고, 이후 그는 새로운 삶을 살 수 있게 되었다.

뜻밖의 습격

Under Attack

식당에 들어서는 올리비아 브리든의 얼굴은 어쩐지 불행해 보였다. 그녀는 창가 자리에 앉은 메리 밀러를 알아채고, 자리를 안내하려는 웨이터에게 손을 내젓고 그쪽으로 향했다.

올리비아 브리든이 앉으면서 말했다.

"이렇게 급하게 연락했는데 만나줘서 고마워, 메리. 폐를 끼친게 아니면 좋겠네. 도무지 이해가 안 되는 일이 있는데, 보니가 너한테 꼭 말해보라고 그러더라고."

메리 밀러가 대답했다.

"우리 사이에 폐는 무슨 폐라고. 내가 도움이 된다면야 항상 기쁘지."

웨이터가 올리비아 브리든의 음료 주문을 받는 사이, 메리 밀러는 찻잔에 차를 더 따랐다. 웨이터가 가고 나자, 그녀는 기운 차리려는 듯 미소를 지었다.

"올리비아, 무슨 문제인지 이야기해봐."

"남편 일이야. 필립은 주로 과일과 채소 도매업을 해. 남편과 그의 파트너 몬로는 직원을 열 명 두고 있는데, 그중 네 명이 운전사고 운행 일정이 꽉 차 있지. 지난 이삼 년간 사업이 잘되었어. 사람들이 오 년 전보다 신선식품을 많이 소비하는 것 같더라고. 사실, 고약한 소문이 좀 있었는데…… 아, 말이 딴 데로 샜네."

메리 밀러는 격려하듯 고개를 끄덕였다. 그러자 올리비아가 계속 말했다.

"필립은 저녁 여섯 시까지 일해. 아주 정확하지. 근데 이틀 전 밤에 남편이 퇴근하다가 습격을 당했어. 뒤에서 필립을 공격한 걸 보면 범인은 회사 마당에 숨어 있었던 게 분명해. 다행히 낯선 발소리를 듣고 돌아보는 바람에, 처음 찌른 칼은 빗나갔지."

올리비아는 몸서리를

치며 이어서 말했다.

"말하면서도 믿어지지가 않네. 뒤에서 사람을 찌르려 하다니! 남편이 남자의 팔을 붙잡고 고함질렀고, 둘이 잠깐 몸싸움을 했어. 그러다가 범인이 남편을 땅바닥에 내동댕이치고 도망갔지."

"세상에!"

"정말 남편에겐 끔찍한 충격이었어. 남편은 몇 가지만 기억난대. 그 남자가 자기보다 몇 센티미터 컸다거나, 여느 사람들처럼 셔츠와 재킷 차림에, 머리카락 색이 짙었다든가 하는 거. 하지만 짐작하다시피 칼에 정신이 팔려 자세한 건 모르겠대. 경찰은 신속하게 출동했지만, 그 이후 사건 조사는 실망스러웠어. 그냥 '묻지 마 강도 사건'이라고 결론지은 것 같아."

"뭔가 목격한 사람은 없고?"

"도움이 될 만한 건 없어. 사업 파트너 몬로가 남편이 고함치는 걸 들었고, 두 사람이 몸싸움하는 끝부분을 조금 목격하긴 했지만, 남자의 얼굴은 제대로 못 봤대. 보탤 수 있는 말이라고는 그자의 넥타이가 파란색이더라는 것뿐이야. 창고에 있던 두 명도 고함을 듣고서 밖으로 나왔지만, 그들 역시 강도의 뒤꽁무니만 봤대. 그러니까 네 명의 증언을 종합하면 188센티미터쯤의 키에, 머리가 어두운색이라는 것뿐이야. 그 대목에서 경찰의 흥미가 반짝했다가 금세 사그라졌지."

"올리비아, 아까 소문 이야기를 했지?"

"응, 맞아. 그것 때문에 걱정이었어. 과일 채소 사업이 돈이 되니까 폭력조직이 개입하려 든다는 이야기를 남편에게 들었거든. 총 든 사람들이 채소 도매업에 끼어들려 한다니 상상하기 어렵지만, 뭐가 뭔지 모르겠어."

메리 밀러가 생각에 잠겨 말했다.

"과일 채소 사업은 합법적이지 않은 물건을 운송하는 데 유용한 위장이 될 수도 있지. 밀수사업과도 잘 맞아떨어질 테고. 그들이 관심을 보이는 게 이상하진 않아. 혹시 누가 사업체를 팔라고 남편에게 접근하진 않았고?"

"내가 알기론 아냐. 그리고 절대 팔지 않을걸. 남편의 할아버님이 시작하신 사업이고, 아버님이 몬로의 삼촌을 동업자로 끌어들이셨지. 남편은 절대 사업을 놓지 않을 거야."

"그게 문제인지도 모르겠네. 경찰을 불러다 남편 동업자와 습격 사건에 대해 진지하게 이야기해보라고 해."

메리 밀러는 왜 몬로가 개입되었다고 의심할까?
HINT: 방향

올리비아 브리든의 남편 필립을 뒤에서 공격하고 도망친 남자는 내내 사업장을 등지고 있었다. 몬로는 심지어 그 남자의 얼굴을 보지 못했다고 증언하기까지 했다. 그런데 넥타이가 파란색이라는 건 어떻게 알았을까?

신문 끝에, 몬로는 그 남자가 이전에 접근해서 사업체를 팔라고 꼬드겼음을 인정했다. 몬로는 그 남자에게 자기는 사업체를 넘길 생각이 있지만, 동업자인 필립은 동의하지 않을 거라고 말했고, 그러자 상대는 아무 말도 말라고, 또 오겠다고만 하고 떠났다. 공격자의 정체는 정확히 밝혀지지 않았지만, 다행히 두 사람을 해치거나 협박하려는 시도가 더는 없었다.

정치인 습격 사건
A Politician's Tale

    잘생기고 매력적이며, 좋은 집안 출신에다가 야심까지 가득한 알렉산더 힉맨은 지역 정치계의 떠오르는 별이었다. 곧 알렉산더 힉맨은 기존의 사회 질서를 뒤흔드는 새로운 젊은 피로 떠받들어졌으며, 넓고 깊은 지지 기반을 확보했다. 그보다 모자라는 여러 인물이 그의 옷깃에 매달려 한 자리라도 차지할 희망을 품고 몰려들었다.

    알렉산더 힉맨의 앞길을 가로막은 가장 큰 장애물은 현직 국회의원 에머슨 우디였다. 그 역시 매력적이며 좋은 집안 출신에 야심가지만, 사십 대가 아닌 칠십 대였기에 부족한 젊음을 인맥으로 메꿨다. 에머슨 우디는 공개적으로는 힉맨을 유쾌하게 대하며 삼촌이 서툰 조카를 상대하듯 약간 아래로 보았다. 사적으로는 알렉산더 힉맨의 사진을 나무 판에 붙여 놓고 칼 던지기 하는 데 쓴다는 소문이 있었다.

누군가 오페라 하우스 화장실에서 알렉산더 힉맨을 암살하려했다는 소식이 들려오자, 지역 언론사들이 구름떼처럼 몰려들었다. 〈센티널〉지의 정치부 기자는 마틴 휴스턴이었지만, 큰 사건인만큼 편집장은 조시도 같이 범죄 측면을 조사하라고 지시했다.

그날 오후, 조시는 사진기자 아담을 데리고 현장 근처 바에서알렉산더 힉맨을 만났다. 그들이 다가가자 알렉산더 힉맨은 자리에서 일어나 반겼다.

"조시 콜 기자님, 만나서 반갑습니다. 기자님 기사라면 꼭 찾아읽는 팬입니다. 콜린 앤드루스에 관한 폭로 기사도 잘 읽었습니다."

그는 조시와 다정하게 악수를 했다.

"그리고 아담 매튜스 기자님이시겠군요. 비율을 보는 눈이 훌륭하시더군요. 기자님 같은 분이 계시니 〈센티널〉지는 운이 좋습니다. 자, 앉으시죠. 방금 와인을 따오라고 할 참이었습니다."

조시와 아담이 자리에 앉자, 힉맨은 손을 들어 웨이터를 부르고 샤토 디켐 69년 산을 한 병 주문했다.

"이게 저보다는 약간 젊지만, 그렇게 많이 차이 나진 않죠. 최근에 알게 되었는데, 최곱니다. 자, 그럼 어젯밤에 있었던 불미스러운 일에 대하여 이야기를 듣고 싶으신 거겠죠?"

조시가 말했다.

"물론입니다."

"음, 사건 자체는 상당히 단순합니다. 꾸며서 말씀드리진 않을 게요. 2막 휴식시간 중에 벌어진 일입니다. 음료를 주문한 다음, 이참에 화장실에 다녀와야겠다고 생각했죠. 화장실에 제가 들어 갔을 땐 아무도 없었어요. 그때 뭔가 이상하다는 눈치를 챘어야 했는데, 미처 감지하지 못했습니다."

웨이터가 와서 코르크를 내밀었고, 알렉산더 힉맨은 그걸 냄새 맡은 후 고개를 끄덕였다.

"볼일을 보고 막 세면대에 와서 섰는데, 거울 속에서 제 뒤의 화장실 칸 문이 조용히 열리더니, 경악스럽게도 작은 권총 총구가 나타나서는 제 등 한복판을 겨냥하는 겁니다. 숙녀분의 손가방 속

에 들어갈 만한 크기의 물건처럼 보이더군요, 무슨 말인지 아시겠지요?"

조시는 고개를 끄덕이고 와인을 한 모금 홀짝였다. 훌륭했다.

"음, 자랑스럽다고 말할 순 없지만 당장 바닥에 몸을 던졌지요. 작게 깨지는 소리가 나고 곧이어 도망치는 발소리와 문 닫히는 소리가 났습니다. 저는 얼른 일어나서 건물 관리인 측에 알리러 갔지만, 이미 그자는 도망친 후였죠."

"얼굴은 보지 못하셨고요?"

"네, 못 봤어요. 총 뒤로 허연 달덩이 같은 모양을 얼핏 보긴 했지만, 화장실 칸 문을 아주 조금만 열어놨더군요. 이후에 사람들에게 물어봤지만, 화장실에서 남자가 나오는 모습을 아무도 보지 못했다고 합니다. 경찰은 물론 모든 곳을 수색했지만, 쓸모 있는 건 발견하지 못했습니다."

"그전에 목숨을 위협하는 경고 같은 걸 받으셨습니까?"

알렉산더 힉맨은 침울하게 고개를 끄덕였다.

"협박이 몇 건 있었죠. 제 선거운동 담당자는 염려했지만 전 아니었습니다. 저는 이 나라를 사랑하며, 제 목숨을 아끼지 않고 봉사하려고 합니다. 폭력조직이 현재 시스템을 좋아해서 변화를 바라지 않는다는 말도 안 되는 이야기를 제 직원이 들려주었습니다만, 현직 국회의원 에머슨 우디 같은 분이 베니 루카스 같은 악당의 편의를 봐준다니 믿을 수 없습니다. 말도 안 되는 소리예요. 물론 그 직원은 해고했습니다."

알렉산더 힉맨은 겁먹고 움츠러들지 않겠다는 결의와, 도시를 부유하고 번영하게 만들 계획, 사랑스러운 가족 등에 대해 잠시 더 이야기했다. 사이사이 조시가 질문을 넣었다.

와인을 다 마시고 나서, 알렉산더 힉맨은 그들에게 문제의 화장실을 보여주었다. 아담은 화장실 문, 정치 지망생의 생명을 구한 깨끗하고 거대한 금박 장식 거울, 경찰이 수사 중이라는 표시로 막아놓은 화장실 칸, 그리고 용감하고 결의에 넘쳐 보이는 알렉산더 힉맨의 모습을 촬영했다. 마침내 그들은 자리에서 일어났고 알렉산더 힉맨은 다음 차례로 〈크로니클〉지의 번 핸들리와 이야기를 나누었다.

택시에 타면서 아담이 말했다.

"저 사람 정말 운 좋게 피했네요."

그러자 조시는 맘에 안 든다는 표정으로 말했다.

"전부 다 헛소리야. 문제는 편집장이 이걸 어떻게 하려나지."

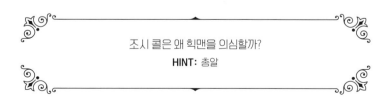

조시 콜은 왜 힉맨을 의심할까?
HINT: 총알

힉맨은 자신이 크고 깨끗한 거울 앞에 서 있을 때, 뒤에서 누가 권총을 쏘았다고 했다. 그가 총에 맞지 않았다면, 그 총알은 어디로 갔단 말인가? 그의 앞에 있는 거울이 깨졌어야 마땅하지만, 거울은 멀쩡한 상태였다.

〈센티널〉지의 편집장은 알렉산더 힉맨의 선거운동 담당자와 한참 동안 논의한 끝에, 힉맨의 이야기를 그대로 싣기로 했다.

원안 국자 돌파! ⌾180°

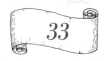

비스버리 사무용품점 절도사건

Robbery At Bisbury's

토머스 레인은 비스버리 사무용품점의 매니저였다. 그는 주걱턱에 키가 크고 마른 남자로, 양손을 불안한 듯 쥐어짜며 사무실을 오락가락 서성이고 있었다.

파나키 경감은 그 모습을 보고 있자니 눈이 어지러워서 대신 책상을 쳐다보았다. 경감이 사건 이야기를 채근했다.

"아주 타이밍을 잘 맞춘 절도였다고 하셨지요?"

레인은 고개를 끄덕이곤 말했다.

"네, 매월 마지막 주 금요일 전날 밤은 금고에 현금이 제일 많은 시기죠. 주급과 월급을 지급할 돈뿐만 아니라, 현금만 받는 거래처에 내줄 돈도 있거든요. 거기에다가, 이번 주에는 오크목 제품 행사가 성공적으로 진행되었고, 매장 판매도 꽤 괜찮았습니다.

이건 정말 날벼락이에요."

그는 텅 빈 채 열려 있는 금고를 손짓했다. 금고는 사무실 벽에 매립되어 있었으며, 매니저의 가슴 위쪽 높이에 걸린 판매 능력 인증서 액자가 그 앞을 가리게 되어 있었다. 등받이가 직각인 사무용 의자가 그 아래 놓여 있었는데, 경감이 지금 앉아 있는 토머스 레인의 책상 앞 의자와 같은 모양의 것이었다. 맞은편 벽에는 높은 서류 캐비닛이 줄지어 있었다.

레인은 의미심장한 침묵 끝에 말했다.

"저는 그 시간에 집에서 아내와 아이들과 함께 있었습니다."

"직원 중에 금고 여는 방법을 아는 사람이 있습니까?"

레인은 쓰게 웃었다.

"물론이죠! 다들 알지요. 본사 정책상 강도 예방 차원에서 현금은 계산대에 필요 이상 오래 두면 안 되거든요. 그래서 여기에 돈 넣는 방법을 다들 알고 있습니다. 열쇠는 제 책상 서랍에 있고요. 밤에는 잠가둡니다만, 그 정도 조심으론 부족했던 거죠."

금고 서랍은 쉽게 쇠 지렛대로 뜯어냈고, 지금은 쪼개진 채 책상 위에 놓여 있었다. 열쇠는 아직 금고에 그대로 있었다.

파나키 경감이 말했다.

"혹시 직원 중에 누구 짐작 가는 사람이 있으시다면……."

경감의 말이 끝나기도 전에 레인이 서둘러 대꾸했다.

"레이놀즈요. 그는 이런 데서 일하기엔 너무 밝고 잘생겼죠. 뭔가 속셈이 있는 게 분명해요."

파나키 경감은 고개를 끄덕였다.

"직원들과 따로 이야기할 장소가 있을까요?"

매니저는 심란하여 풀이 잔뜩 죽어 있었다.

"정말 그러고 싶으시다면…… 하지만 그게 좋은 생각인지는 모르겠군요. 이 사무실을 쓰세요. 어차피 이젠 제 사무실도 아니게 될 테니. 아마도 저는 이번 일로 회사에서 잘릴 겁니다. 제가 직원들을 데려오죠. 한 번에 한 명씩이겠죠?"

"고맙습니다. 아주 친절하시군요."

첫 번째로 방에 들어온 진 레이놀즈는 키가 크고 조각 같은 외모에, 서글서글하니 미소를 잘 지었고 표정에서 약간 연극적인 분위기가 풍겼다. 도난 사건으로 혹 기가 죽었는지 모르겠지만 겉으로 내색하진 않았다.

"전 평소대로 다섯 시 반에 퇴근했습니다. 그러고 시내로 나갔죠. 여자친구를 만나서 같이 연극 〈오즈의 마법사〉를 봤습니다. 우리 아델이 그 이모진이라는 소를 정말 좋아하더군요. 재밌게 봤습니다. 그다음엔 집으로 돌아갔고요. 말씀드릴 건 그것뿐이네요."

헨리 타이슨은 매니저 정도의 키에 V자 모양의 앞머리와 맞춰 턱 아래로 내려오는 턱수염의 끝을 뾰족하게 다듬었다. 마치 당장이라도 소매에서 비둘기를 꺼낼 것만 같은 인상이었다. 그는 경감을 의미심장하게 쳐다보았다.

"전 어젯밤 하숙집에 있었습니다. 프리 부인이 운영하는 하숙집에서 여덟 명이 지내고 있지요. 다들 노동자입니다. 저는 뭐 딱히 이런 상황이 싫진 않습니다만, 기술 발전으로 단순 노동이 비효율적이게 되는 날이 오길 바라고 있습니다. 저는 저녁 내내 공동 거실에 있었고, 밤새도록 제 방에 있었습니다. 집주인 프리 부인이 귀가 무섭게 밝으니 증명해주실 거고요."

마지막으로, 모리스 모스는 아주 작은 체구에 태도가 딱딱한 이십 대 남자로, 악수를 나누니 꼭 죽은 쥐를 움켜쥐는 느낌이었다.

"어젯밤도 다른 밤과 마찬가지였죠. 저는 어머니와 같이 삽니다. 아버지는 십 년 전에 돌아가셨고, 그래서 어머니가 고생하셨어요. 전 일하는 날엔 여섯 시 반이면 집에 들어가고, 아침 식사를 하고 정확히 여덟 시 십오 분에 집을 나설 때까지 내내 집에만 있습니다. 금요일이나 토요일 밤에는 가끔 열 시 반까지 밖에 있기도 합니다만, 어제는 아니었지요."

모리스 모스가 나간 후, 매니저 토머스 레인이 돌아왔다.

"이제 직원들은 다 만나보셨습니다. 다들 최악의 의미로 참 진짜배기들이죠. 누구 하나 그립거나 하진 않을 겁니다."

경감이 말했다.

"레인 씨, 그중 한 명을 다시 들여보내 주셨으면 합니다. 몇 가지 더 질문할 게 있어서요."

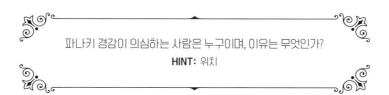

파나키 경감이 의심하는 사람은 누구이며, 이유는 무엇인가?

HINT: 위치

얼핏 보기엔 네 명 다 그날 저녁의 알리바이가 있는 것 같고, 절도 사건에 대하여 아무도 혐의를 드러낼 만한 말을 하지 않았다. 하지만 금고 바로 앞에는 의자가 놓여 있었고, 이런 작은 사무실에서는 의자 두 개가 다 책상과 함께 놓여 있는 것이 일반적이다. 직원 중에 금고에 닿기 위해 의자가 필요할 만큼 키가 작은 사람은 모리스 모스뿐이다.

모스는 의자 건을 지적하자 고함을 질러대기 시작했고, 곧바로 체포되었다. 이후 그는 자백했고, 훔친 돈은 침대 밑에서 발견되었다. 매니저 토머스 레인은 그의 우려대로 해고되진 않았으나, 회사를 그만두고 조경 사업을 시작했다.

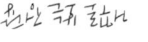

34

뒷골목 살인사건

Murder In The Alley

앙투아네트 에드워즈는 예쁘고 활기 넘치는 재봉사로, 늦은 밤이 지나도록 집에 돌아오지 않았다. 그녀의 시체는 다음 날 아침 시내 중심가의 대형 백화점 뒷골목에서 발견되었다. 그녀가 단골로 다니던 댄스홀에서 두어 블록 떨어진 곳이었다. 조시는 경찰서에서 일하는 친구 피트에게서 다른 매체보다 먼저 살인 소식을 들었다.

〈센티널〉지는 늘 매력적인 아가씨들의 살인사건에 관심을 가졌다. 범죄에 대한 그 이상의 정보는 아직 비공개 상태라, 조시는 가족과 친구들의 주소를 받아 적고 이야깃거리를 찾으러 나섰다.

앙투아네트는 아직 부모님과 살았기에, 조시의 첫 방문지는 가족의 집이었다. 퉁명스러운 젊은 남자가 문을 열었다가 조시가 기자라고 밝히자 어찌나 문을 세게 닫았던지, 조시가 잽싸게 발을 빼지 않았다면 발가락이 부러졌을 것이다. 다행히, 목록에는 이야기를 나눌 피해자의 친구들이 여럿 남아 있었다.

줄리언 맥마흔은 스물여덟 살의 회계사로, 앙투아네트의 남자친구였다. 피트의 메모에 따르면 둘은 거의 18개월간 사귀었다. 조시는 그가 일하는 비누 제조 회사에서 그를 찾아냈다. 그는 중간 정도의 키와 체격을 지닌 잘생긴 청년으로, 입은 정장은 비교적 고급이었다.

줄리언은 말했다.

"우린 18개월쯤 만났어요. 약혼하고, 결혼하고, 같이 늙어가려고 했죠. 어젯밤 그녀와 외출했어요. 전 춤을 잘 추진 못하지만 앙투아네트의 취미라서 기꺼이 함께 갔죠. 그리고 오늘 일찍 출근해야 해서, 열 시 반쯤 친구 에바와 거기에 두고 먼저 나왔습니다. 전에도 열 번도 넘게 그랬어요. 그녀가 뒤통수를 다쳐 죽은 채 발견될 줄은 꿈에도 몰랐어요. 끔찍하다고 말할 수준이 아닙니다. 내가 함께 있었더라면⋯⋯. 스스로를 결코 용서하지 못할 겁니다."

셔먼 에멧은 스물두 살의 정육점 직원으로, 앙투아네트를 어릴 때부터 알고 지냈다.

"남매나 다름없어요. 다정하고 사랑스러우며, 누구에게나 밝게 미소 지어주었죠. 아직도 그 애가 죽었다는 게 믿어지지 않아요. 햇살 좋은 오후에 둘이 수업을 빼먹고 강가 오리들에게 빵조각을 던져주러 갔던 게 기억나는군요. 아홉 살이었나, 아마? 지금도 그 모습으로 떠올라요. 빵조각 봉지를 들고 함박웃음을 머금은 행복한 꼬맹이. 그 아인 줄리언을 참 좋아했어요. 그 사람을 위해서라면 뭐든 했을걸요. 남자친구가 청혼하기만을 기다리고 있었죠. 잘됐다 싶어 기뻤어요. 좋은 신랑감이니까요."

에바 자일스는 스물네 살로, 앙투아네트와 같은 직물 가게에서 일했다. 조시는 업장에 들어갈 수 없어 기다리다가 그녀의 남편 그레이디가 퇴근하는 그녀를 데리러 왔을 때, 부부와 이야기할 기회를 얻었다. 그녀는 앙투아네트와 눈에 띄게 닮은 구석이 있었으며, 둘 다 인형처럼 사랑스러웠다.

에바가 말했다.

"바로 어젯밤에 봤는데, 정말 현실 같지 않아요. 불쌍해라. 진짜 사랑스러웠는데. 줄리언은 앙투아네트보다 조금 일찍 갔지만, 별다르게 생각 안 했어요. 일찍 일어나야 해서 그랬을걸요. 앙투아네트에게 이런 일이 생길 줄은 꿈에도 몰랐어요."

그녀의 남편인 그레이디가 옆에서 말을 보탰다.

"앙투아네트는 참 착했습니다. 다들 그리워하겠죠."

그날 저녁 사무실에 돌아온 조시는 메모를 뒤적이며, 전형적인 사건 기록 기사가 아니라 뭔가 이야깃거리를 찾아보려 애쓰고 있었다. 그러다가 살인범이 누구인지 번뜩 깨달았다.

그는 씨익 웃으며, 편집장과 급히 이야기를 나누러 갔다.

조시 콜이 살인범으로 의심하는 사람은 누구이며, 이유는 무엇인가?

HINT: 세부 사항

범행의 세부 사항은 현재 경찰에 의해 비공개 상태였으나 남자친구 줄리언은 어째서인지 앙투아네트가 뒤통수에 치명상을 입고 죽었음을 알고 있었다. 조시는 기사가 나갈 준비가 되자마자 피트에게 알렸고, 다음 날 점심 무렵에 줄리언은 살인을 자백했다.

사건 당일, 줄리언은 집에 가는 길에 샌드위치 가게에 들렀고, 그녀가 그를 따라잡았다. 둘 다 조금 취해 있었으며, 사는 동네로 가던 길에 언제 청혼할지를 두고 언쟁을 하게 되었다. 줄리언은 홧김에 앙투아네트를 떠밀었고, 그녀는 날카로운 모서리에 머리를 부딪쳐 죽었다. 그는 겁에 질려 시체를 골목길에 버려두고 도망갔다.

35

잃어버린 창고 열쇠
The Root Cellar

레이첼 콜리어는 분명히 평소 같지 않았다. 보통 때엔 같이 새 관찰하기를 좋아하는 친구인데, 오늘은 거의 말도 없고 빤히 눈에 띄는 새도 놓치는 데다, 메모도 제대로 하지 않았다.

결국 한 시간 정도 지나고서, 메리 밀러는 그녀를 한쪽으로 데려갔다.

"무슨 일이라도 있어?"

레이첼이 한숨지으며 말했다.

"미안해, 메리. 정신이 딴 데 가 있어서 그래. 지난 화요일에 집에 도둑이 들었어."

"세상에, 어쩜 좋아! 물어도 괜찮은가 모르겠는데, 얼마나 심각한 거야?"

"완전히 털렸어. 조금이라도 가치가 있거나 들고 갈 만한 건 뭐든지. 전부 보험에 들긴 했지만, 보험사가 어떤지 알잖아. 게다가 대부분 개인적인 의미가 담긴 물건들이기도 하고."

"경찰은 뭐라고 해?"

레이첼은 고개를 저었다.

"전혀 감도 못 잡고 있어. 조사 나온 경사가 둘러보고 한 말이라고는 '아마 다시 찾긴 힘들 겁니다, 부인'이 전부였어. 전혀 위로가 되지 않았지."

"아, 정말 도움이 안 되네. 혹시 집에 있을 때 털린 거야?"

"그날 종일 밖에 있다가 늦게 귀가했어. 경찰이 먼저 와 있더라고. 가정부인 테레사가 장을 보러 나갔다가 돌아와서 난리 통을 발견하곤 신고했지. 잡일꾼인 디그위드 씨는 헛간에서 보일러를 고치느라 아무것도 듣지 못했대. 심지어 경찰이 출동한 것도, 우리가 온 것도."

"창문을 깨고 침입했겠지?"

"아니, 그 사람들은 지하 창고를 통해 들어왔어. 그 많은 물건들

을 다 실어나간 걸 보면 여러 명이었겠지. 아무튼, 열쇠를 발견한 모양이야."

메리 밀러는 미간을 찌푸렸다.

"열쇠를 발견하다니?"

"응. 정원사 배리 레이가 거의 육 개월 전에 지하 창고 열쇠를 잃어버렸어. 잃어버린 날 바로 나한테 와서 말했지. 숲에 나가서 일하다가 돌아와 보니 열쇠가 없더래. 배리에겐 새 열쇠를 만들어 줬고, 그 뒤로 아무 생각이 없었지. 그런데 도둑들이 지하 창고 문에다가 열쇠를 꽂아두고 갔고, 그제야 그날 일이 생각났어. 배리나 우리 열쇠는 다 그대로 있어. 그러니 잃어버린 그 열쇠겠지."

"그거 타격이 크네."

"맞아. 남편 말로는 보험사가 열쇠를 분실한 걸 구실로 삼아서 보험금을 지급하지 않으려 들 거래."

"도둑들이 왜 열쇠를 두고 갔는지 모르겠네."

레이첼 콜리어는 어깨를 으쓱했다.

"더는 필요가 없고, 굳이 문을 닫고 가기 귀찮았나 보지. 마지막으로 뺨 때리고 가는 격이랄까."

그녀는 주머니를 뒤져서, 단순하고 그야말로 일반적인 모양의 열쇠를 꺼냈다.

"이거야. 경찰이 오늘 아침에 돌려줬어. 조사가 끝났으니 원한다면 가져가도 된다고. 그래서 오늘 정신이 딴 데 가 있었나 봐."

"이해하고말고. 평소 네 정신이 아니겠지. 혹시, 아는 사람이 이

일에 연관되었을지도 모른다는 생각은 안 해봤어?"

"일하는 사람 중에 말이야? 도둑이 참 때맞춰 들었다는 생각은 했지만, 그건 딱히 공모해야 할 일은 아니잖아. 간단히 사람을 시켜 집을 지켜보게 했다가 적당한 때를 알려달라고 해도 되니까. 이 와중에 일하는 사람 중에 누구를 의심까지 해야 한다면 정말 견딜 수 있을지 모르겠어."

메리 밀러가 안타깝다는 듯 말했다.

"유감스럽게도 증거를 보면 그래야 할 것 같아."

메리 밀러가 의심하는 사람은 누구이며, 이유는 무엇인가?
HINT: 열쇠

　레이첼 콜리어가 열쇠에 딱히 용도를 써 붙이거나 표식을 달았다는 언급이 없었음을 고려한다면, 오래전에 잃어버린 열쇠를 누군가 주워서 그게 어느 집의 어느 문 열쇠인지 알 가능성은 매우 희박하다. 더욱 유감스럽게도, 열쇠는 몇 달 전에 숲속에서 잃어버렸다고 했는데, 전혀 녹슬거나 더러워지지 않았다.

　경찰 신문 결과, 배리 레이는 열쇠를 잃어버렸다고 거짓 말했음을 인정했다. 콜리어 부부가 자물쇠를 교체하지 않자, 배리는 알고 지내는 범죄자에게 여분의 열쇠를 팔아버렸다. 거래 조건으로, 그는 콜리어 부부가 집을 비울 때를 그쪽에 알려주기로 약속했다.

　배리 레이가 경찰 조사에 협력한 덕분에 도둑들은 전부 체포되어 결국 수감되었고, 레이첼 콜리어는 도난품 대부분을 되찾았다.

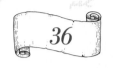

바나나 무역
The Banana Trade

　카를로스 레이건은 주로 럼주를 다루는 잔챙이 밀수업자였다. 그와 동업자 이보어 마크스가 체포되지 않은 이유는, 그들에게 불리한 증거를 모을 만큼 시간이 남아도는 경찰이 없었기 때문이다. 다른 사건들이 늘 더 시급했다. 둘이 단골이던 누추한 술집 근처에서 이보어 마크스가 시체로 발견되기 전까지는 말이다.

　파나키 경감은 말했다.

　"와주셔서 고맙습니다, 레이건 씨."

　카를로스 레이건은 족제비 같은 얼굴의 조그만 남자로, 싸구려 정장 차림에 그저 그런 헤어커트를 했다. 딱딱하게 굳은 눈매를 제외하면, 시장 상인처럼 보였다.

　"음, 저야 법 집행하는 분들을 돕게 되니 기쁘죠, 경감님."

"피해자 마크스 씨와는 어떤 관계입니까?"

"동업자이자 친구였죠. 알고 지낸 지는 칠 년, 같이 일한 지는 오 년 정도 됩니다. 싸움 붙을 때에 옆에 두기 좋은 친구죠."

"싸움을 많이 하십니까?"

"아뇨, 그냥 말하자면 그렇다는 거죠. 저희는 완전히 합법적인 사업가들입니다."

"어떤 사업입니까?"

"바나나 수입이요. 요즘 사람들은 바나나를 좋아하죠. 저희에 겐 좋은 소식입니다."

"그렇군요. 마크스 씨를 마지막으로 보신 건 언제입니까?"

"화요일 밤에 올리브 그로브에서 몇 잔 했습니다."

"그게 살인이 있었던 밤이죠?"

"네."

카를로스 레이건은 잠시 말을 멈췄다가 다시 입을 열었다.

"제가 봤습니다."

파나키 경감은 몸을 앞으로 숙였다.

"보셨다고요? 근데 왜 신고하지 않으셨습니까?"

레이건은 한숨을 내쉬었고, 창피해하는 얼굴이었다.

"그냥 도망쳤습니다. 그자가 나도 쫓아올까 봐 숨죽이고 숨어 있었어요. 오늘 아침, 집에 짐을 가지러 들렀다가 경찰이 남긴 쪽지를 발견했어요. 경찰을 만나는 게 현명한 행동일지도 모르겠다 싶더라고요."

"저희가 살인범을 찾게 협조해주신다면, 걱정하시는 일은 없을 겁니다."

"여기 이렇게 왔지 않습니까?"

"그럼 화요일 밤에 있었던 일을 다 말해주십시오."

"말씀드렸다시피, 소튼 가에 있는 올리브 그로브에 있었습니다. 거기에 자주 갔죠. 마크스와 저는 다음번 들어올 바나나 물량과 그걸 어디다 부려놓을지 이야기했습니다. 잡담을 더 하다가 한 열한 시쯤에 나왔을 겁니다. 마크스에게 잠깐 술집 앞에서 기다리라고 했죠. 그게, 이야기 좀 나누고 싶은 상대가 눈에 들어왔거든요. 여자요. 레베카라는 이름이었죠. 그래서 그 여자하고 같이 술

집 옆 골목으로 돌아 들어갔죠."

"레베카, 성은 뭡니까?"

"잘 모르겠습니다."

"그럼 친구라고는 할 수 없겠군요. 그 여자와는 무슨 볼일이 있었습니까?"

"그냥 이야기 좀 하려고요, 아시죠?"

"아뇨, 모르겠는데요."

레이건은 의자에 늘어져서 한숨을 푹 내쉬었다.

"저기, 전 지금 협조하려고 노력하는 겁니다. 왜 이리 캐물어요? 레베카는 기분만 잘 맞춰주면 진짜 사근사근해요. 혹시 기분 맞출 방법이 있나 찾고 싶었을 뿐이었다는 겁니다. 그냥 좀 놀아보려고 그랬다고요. 그게 전부입니다."

파나키 경감은 메모하며 말했다.

"좋습니다. 계속하시죠."

"네. 어 그게, 레베카하고 이야기하고 있는 참에 마이너가 길 건너에서 마크스에게 다가가는 걸 봤습니다."

"마이너?"

"마이너 코크란. 그러니까…… 좀 아는 사이입니다. 그 사람도 무역 일을 하죠."

"아, 네. 코크란 씨 잘 알지요."

"그러니까 별로 신경 쓰지 않았어요. 말했다시피 아는 사이라. 다음 순간, 칼날이 번뜩하더니 마크스가 얼굴을 처박고 쓰러지더군요. 피가 고이기 시작했어요. 사람의 몸에서 나올 거라 믿기 힘들 만큼 철철. 그러는 사이, 마이너는 몸을 돌려 아무렇지도 않게 술집에서 멀어져가더군요. 그래서 골목길로 도망쳐서, 위스키 한 병을 들고 알아볼 사람이 없는 조용한 호텔로 숨어들었죠."

"코크란 씨가 마크스 씨를 죽이고 싶어 할 만한 이유로 짐작하는 게 있으십니까?"

레이건은 어깨를 으쓱했다.

"제가 알기로 개인적인 건 없는데요. 사업을 확장하고 경쟁자를 제거하고 싶었겠죠. 그래서 제가 숨어 있었던 겁니다."

"바나나 수입 일이요?"

"그렇습니다. 거친 사업이죠."

"그런가 보군요."

파나키 경감이 굳은 표정으로 이어 말했다.

"카를로스 레이건, 이보어 마크스 살인 혐의로 당신을 체포합니다."

파나키 경감은 왜 레이건이 살인자라고 확신했을까?
HINT: 시야

카를로스 레이건은 술집 옆 골목으로 돌아 들어갔다고 했다. 그렇다면 어떻게 술집 앞에 있던 이보어 마크스가 마이너 코크란에게 살해되는 것을 볼 수 있었을까? 술집 창문들을 통해서 어느 정도 시야가 확보되었다 해도(술집의 지저분함을 생각하면 있을 법하지 않지만), 마크스의 피가 길바닥에 흐르는 것을 레이건이 볼 정도였을 가능성은 매우 적다.

레이건은 결국 살인을 자백했다. 마약상이 그에게 술 대신 마약을 거래할 기회를 들고 접촉해왔으나 마크스는 거절했다. 그리고 마크스는 만약 레이건이 마약을 밀수한다면 경찰에 신고하겠다고 협박했다. 그래서 레이건이 마크스를 죽였다.

패럿스 선물 가게 살인사건
Death At Parrott's

　직장에서 발생한 사망 사건은 대부분의 경우 딱히 뉴스감이 아
니다. 많은 수의 직업이 놀랄 만큼 위험하지만, 직원 사망 기사가
나는 걸 반길 회사는 없다. 또한 잘못 기사화했다간 법적으로 복
잡한 문제가 발생하고, 구독자들 역시 사건사고엔 별로 관심을 보
이지 않는 게 일반적이다.

　그러나 직원이 회사의 비상용 도끼에 맞아 죽었다면, 완전히
다른 문제다. 조시는 경찰 지인 피트가 전화로 소식을 알려주자마
자 득달같이 패럿스 선물 가게로 향했다.

　패럿스에 도착한 조시는 제일 가까이에 있는 직원을 붙들고 말
을 걸었다. 그러자 남자가 물었다.

　"무슨 일입니까?"

"저는 〈센티널〉지의 조시 콜입니다. 잠시 시간 내서 오늘 아침에 일어난 사건 이야기를 해주실 수 있을까요?"

"동작 참 빠르시네. 하지만 이런 이야기를 잘못했다간 상사가 경을 칠 수도 있는데……."

조시는 미소 지으며 지폐를 건넸다.

"걱정하지 마세요. 선생님 이름은 기사에서 빼드립니다."

"하하, 그렇다면 도와드려야죠, 콜 씨. 사람들이 진실을 알아야 하니까요, 그렇죠?"

"물론입니다."

앨빈 그레고리라는 이름의 남자는 조시에게 사건 경위를 들려주었다. 죽은 사람은 로이스 머피라는 창고 직원이었다. 패럿스에서 십여 년간 일해왔고, 널리 호감을 사고 있었다. 그는 회사의 화재 탈출 비상용 도끼에 가슴을 찍혀 죽었다. 또한 살인자는 다른 직원, 조니 브렌던이라는 영업사원의 머리도 치고서 도망갔다. 브렌던이 정신이 돌아온 후에 경찰에 사건을 알렸다.

습격은 오랜 거래처인 장난감 도매상 펠더 앤드 선스에서 온 배달 물품을 패럿스 직원들이 옮기던 때에 벌어졌다. 낯선 운전사가 배달 차량을 몰고 왔는데, 그는 평소에 오는 펠더 앤드 선스의 운전사 카터가 병가를 냈다고 말했다. 그레고리와 동료들은 거기에 뭔가 연관이 있으리라 강력히 의심하고 있었다.

패럿스 선물 가게의 매니저인 제이슨 샘플스라는 젊은이는 현재 상황을 잘 감당하지 못하고 있었다. 그레고리의 말에 따르면,

매니저는 얼마전 앞서 발생한 도난 사건으로 우울해하던 참이었기 때문이라고 했다. 매니저는 한낮부터 위스키 냄새를 철철 풍기며 사무실을 나간 후로 아직 돌아오지 않은 상태였다.

조시는 그레고리가 준 정보를 잠시 곱씹다가, 물어볼 것이 남아 있어서 붙잡아두려고 현금을 조금 더 쥐여주었다.

"살인자가 회사 비상용 도끼를 사용했다고 했죠? 그게 어디 눈에 띄는 곳에 있었습니까?"

그레고리는 고개를 끄덕였다.

"그럼요. 창고 옆문 바로 안쪽 스탠드에 보관되어 있었습니다. 다들 늘 이런저런 일에 썼는데요, 모두가 눈에 잘 띄는 곳에 있었죠. 그래도 그게 사람한테 쓰일 줄은 상상도 못 했네요."

"펠더의 그 새로 온 운전사에 대해선 어떻게 생각하십니까?"

"나는 그 사람을 못 봤어요. 또 다른 직원 윈스턴하고 창고에서 오래된 나무상자를 해체해서 물건 옮길 자리를 만드느라. 윈스턴은 도끼로 쪼개고, 나는 쌓고 있었죠. 배달 물품 하차를 도우러 갈 시간에 맞춰 일을 끝냈는데, 이미 펠더 운전사는 가버리고 없더라고요. 윈스턴이 도끼를 갖다 놓는 사이에 테일러가 그 새로 온 운전사 이야기를 했죠. 그만하면 사람은 괜찮아 보이고, 말하는 게 멀리 북쪽 출신 같다고 했어요. 이름은 데일이라고 했던 것 같군요. 테일러는 예리한 사람입니다. 그런데요, 살인자가 펠더 화물 사이에 숨어 있다가 우리가 다들 상자 때문에 바쁠 때 빠져나가긴 어렵지 않겠어요? 창고 사분의 일 이상을 채울 만큼 배달이 오는 것도 아니니까요. 열한 시쯤에는 전부 다 치웠어요."

"피해자를 발견했다는 조니는 어떤 사람입니까?"

"머리를 다친 거라 혹시 몰라서 세인트 앤 병원에 데려가긴 했는데, 괜찮아 보였어요. 그냥 좀 늘어져 있다뿐이지."

조시는 고개를 끄덕였다.

"그럼 거기로 가봐야겠군요. 시간 내주셔서 고맙습니다. 정말 큰 도움이 되었습니다."

세인트 앤 병원에서 조니 브렌던을 찾는 건 별로 어렵지 않았다. 조시는 이미 병원에서 잘 알려져 있었고, 예전부터 중환자실 간호사들에게 꾸준히 과일 바구니를 갖다 주어 모두에게 호감을 샀기 때문이다. 조시가 물어보니 문 밖에 서 있는 경찰이 병실을 알려주었다. 얼마의 금액을 주곤 너끈히 문을 통과할 수 있었다.

조니 브렌던은 얼핏 보기에 완전히 멀쩡했다. 머리에 붕대를 감았으나 눈은 생생했고, 안색도 밝고 건강했다.

조시는 문을 닫으며 말했다.

"오늘 아침, 목숨을 걸었던 영웅이시군요."

브렌던이 미소 지으며 말했다.

"그런가 봅니다. 신문사에서 오셨어요?"

조시는 명함을 보이며 말했다.

"그렇습니다. 저는 〈센티널〉지의 조시 콜입니다. 오늘 아침에 있었던 일을 이야기해주실 수 있을까요?"

"장난 아니었죠. 펠더 트럭이 열 시 사십오 분에 도착하는 걸 보고, 화물 목록을 확인하러 내려갔습니다. 먼저 기존 재고를 파악해야 해서 창고에 들어가 조용한 모퉁이를 돌았더니, 머피가 바닥에 쓰러져 있지 뭡니까. 가슴엔 도끼가 박혀 있었고, 끔찍한 소리를 내고 있었어요. 그런 소리는 생전 처음이었습니다."

그는 잠시 몸서리치곤 이어서 말했다.

"그 자리에 잠시 얼어붙었어요. 뒤에서 인기척이 나더니 눈앞이 번쩍하더군요. 바닥으로 쓰러지면서, 얼핏 흐트러진 머리에 키

작고 땅딸막한 남자를 본 기억이 납니다. 얼굴은 보지 못했어요. 세상이 캄캄해졌죠. 그리고 얼마 후, 비틀비틀 일어나서 도와달라고 소리를 치기 시작했어요. 알고 보니 열한 시 십 분이었습니다. 그다음은 경찰에, 구급차에, 정말 정신없었죠. 경찰들에게 무슨 일이 있었는지 말하고 나서 여기로 실려 왔습니다. 다행히, 진짜 큰 부상은 피했다고 의사들이 그러더군요."

조시는 브렌던의 비위를 잠시 더 맞춰준 다음, 나와서 급히 피트에게 전화를 걸었다.

"패럿스 살인사건의 진상을 말해줄 수 있을 것 같은데 말이야. 체포 현장에 동행하게 해주는 조건으로 거래하면 어때?"

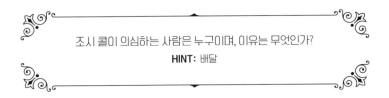

조시 콜이 의심하는 사람은 누구이며, 이유는 무엇인가?

HINT: 배달

조니 브렌던은 도끼가 꽂혀 있는 머피의 시체를 펠더 앤드 선스의 배달이 온 열 시 사십오 분 조금 지나서 발견했다고 말했다. 그러나 그레고리와 동료 윈스턴은 도끼를 사용하느라 거의 열한 시까지 제자리에 갖다 놓지 않았다.

이 모순점은 브렌던의 증언에 의문을 품게 하기에 충분했으며, 경찰이 도난당한 패럿스 상품을 브렌던의 차고에서 발견하자, 그는 순순히 자백했다.

피해자 로이스 머피는 모든 사람이 바쁜 사이에 브렌던이 창고에서 물건을 훔치는 걸 목격했다. 그러자 브렌던은 머피를 죽인 다음, 도낏자루로 자신의 머리도 후려치고 잠시 기절한 척했다. 불행히도, 그는 자기가 시체를 발견했다고 주장한 시간에 다른 사람이 도끼를 쓰고 있었다는 걸 알지 못했다.

간단하게 알아보는
나의 탐정역량지수

탐정이 되고 싶은가?
그렇다면 아래 체크리스트로
나의 탐정역량을 알아보자.

탐정역량지수 체크리스트

	질문	있다	없다
01.	활동 분야에 대한 전문적인 지식(관련 학술 및 법령)과 경험		
02.	예리하고 집요한 관찰력		
03.	종합적이고 다각적인 추리력과 직감력		
04.	체험과 지식으로는 이해할 수 없는 현상이 있음을 인정하는 자세(고정관념 탈피)		
05.	입수된 자료나 공개되어 있는 사실(또는 의뢰된 내용)을 그대로 인정하지 않는 합리적 의심		
06.	공리공론을 경계하고 실질과 능률을 중시하는 실사구시의 생활철학		
07.	입수된 자료를 객관적으로 분석하고 사실대로 보고할 수 있는 정직성		
08.	입수된 자료나 상황이 다소 허무맹랑해도 '그럴 수 있다'고 볼 수 있는 상상력		

* 한국민간조사학술연구소가 경찰 지망생, 전·현직 정보경찰, 현 자료수집대행사 및 민간조사원, 탐정 희망자 등 200여 명을 대상으로 모니터하고 자체 정리한 자료이다.

09.	다양한 자료 중에서 중요 포인트를 파악해 이를 세부적으로 전개시킬 수 있는 판단력과 추진력		
10.	사실 관계의 맥락을 유지하고 이면(裏面)을 살피는 치밀성		
11.	공개 자료를 적극 활용할 수 있는 지혜('우리에게 필요한 자료의 80%는 이미 공개되어 있다'는 공개 정보의 중요성 알기)		
12.	보안을 유지하는 능력		
13.	원만한 대인관계 유지와 소소한 일이라도 메모하는 습관		
14.	사실과 추리를 구별하는 능력		
15.	자료수집 결과를 의뢰자에게 간단 명료하게 전달할 수 있는 명료성		
16.	자료의 오류와 함정을 극복할 수 있는 스스로의 검증과 통제력		

탐정역량지수 평가 기준

'있다' 답변 개수	평가	비고
15~16개	탐정 자질이 충분하며, 다른 사람의 탐정 활동을 관리하거나 관련 학술을 지도할 수 있는 능력을 지님	명탐정 또는 관리자 자질
13~14개	탐정으로서의 기본 자질이 우수하며 여건에 따라 재능과 기량을 발휘할 잠재력을 지님	탐정 역할에 부족함이 없는 중급 탐정
10~12개	탐정 활동에 종사함이 부적격하진 않으나 특단의 연구와 열성 없이는 발전 가능성이 제한적임	다양한 탐정 활동을 펼치기엔 미흡한 초급 탐정
8~9개	성과적인 탐정 활동을 기대하기가 힘드나 난이도가 낮은 탐정 활동에 보조적으로 참여 가능	상당 기간 초보 탐정(무늬만 탐정)
6~7개	탐정으로서의 자질과 조건이 일반인의 수준에도 미치지 못해 역할 수행과 성과를 칭찬하기 힘듦	탐정업 유보 대상
6개 미만	탐정으로서의 기본 함량이 절대 미달되어 의뢰인에게 서비스 제공 사실상 불가	탐정업 부적격자

자료: 한국민간조사학술연구소(kpisl), 김종식 소장 제공

초판 1쇄 발행 2018년 6월 15일
초판 3쇄 발행 2021년 1월 25일

지은이 팀 데도풀로스
옮긴이 박미영
펴낸이 이범상
펴낸곳 (주)비전비엔피 · 비전코리아

기획편집 이경원 차재호 김승희 김연희 고연경 황서연 김태은 박승연
디자인 최원영 이상재 한우리
마케팅 이성호 최은석 전상미
전자책 김성화 김희정 이병준
관리 이다정

주소 우)04034 서울시 마포구 잔다리로7길 12 (서교동)
전화 02)338-2411 | **팩스** 02)338-2413
홈페이지 www.visionbp.co.kr
인스타그램 www.instagram.com/visioncorea
포스트 post.naver.com/visioncorea
이메일 visioncorea@naver.com
원고투고 editor@visionbp.co.kr

등록번호 제 313-2005-224호

ISBN 978-89-6322-131-1 04320
　　　 978-89-6322-130-4 (SET)

이 도서의 국립중앙도서관 출판예정도서목록(CIP)은 서지정보유통지원시스템 홈페이지(http://seoji.nl.go.kr)와 국가자료공동목록시스템(http://www.nl.go.kr/kolisnet)에서 이용하실 수 있습니다.(CIP제어번호: CIP2018015109)